AF154444

Impulse für die Immobilienwirtschaft

Herausgegeben von
Nico B. Rottke, Wiesbaden, Deutschland

Weitere Bände in dieser Reihe
http://www.springer.com/series/13541

Lizenz zum Wissen.

Sichern Sie sich umfassendes Wirtschaftswissen mit Sofortzugriff auf tausende Fachbücher und Fachzeitschriften aus den Bereichen: Management, Finance & Controlling, Business IT, Marketing, Public Relations, Vertrieb und Banking.

Exklusiv für Leser von Springer-Fachbüchern: Testen Sie Springer für Professionals 30 Tage unverbindlich. Nutzen Sie dazu im Bestellverlauf Ihren persönlichen Aktionscode C0005407 auf *www.springerprofessional.de/buchkunden/*

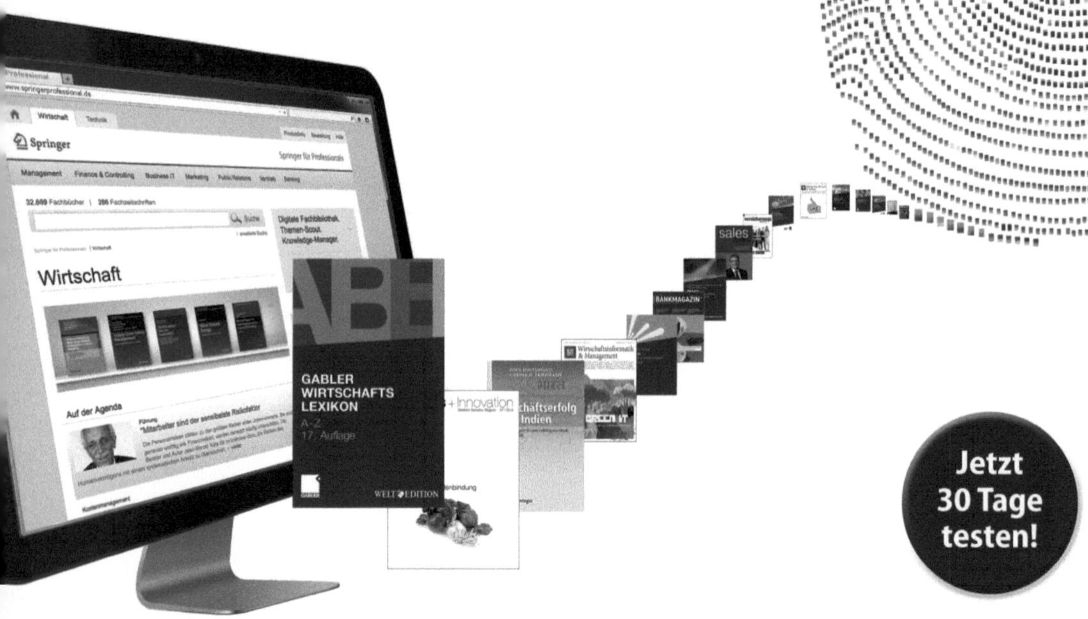

Jetzt 30 Tage testen!

Springer für Professionals.
Digitale Fachbibliothek. Themen-Scout. Knowledge-Manager.

🔍 Zugriff auf tausende von Fachbüchern und Fachzeitschriften

⊘ Selektion, Komprimierung und Verknüpfung relevanter Themen durch Fachredaktionen

✎ Tools zur persönlichen Wissensorganisation und Vernetzung

www.entschieden-intelligenter.de

Springer für Professionals

Michael Zingel

Transformationale Führung in der multidisziplinären Immobilienwirtschaft

 Springer Gabler

Michael Zingel
Bad Nauheim
Deutschland

Ausgewählte Forschungsergebnisse mit hoher Praxisrelevanz für die Immobilienwirtschaft.

Impulse für die Immobilienwirtschaft
ISBN 978-3-658-07732-7   ISBN 978-3-658-07733-4 (eBook)
DOI 10.1007/978-3-658-07733-4

Die Deutsche Nationalbibliothek verzeichnet diese Publikation in der Deutschen Nationalbibliografie; detaillierte bibliografische Daten sind im Internet über http://dnb.d-nb.de abrufbar.

Springer Gabler
© Springer Fachmedien Wiesbaden 2015
Das Werk einschließlich aller seiner Teile ist urheberrechtlich geschützt. Jede Verwertung, die nicht ausdrücklich
vom Urheberrechtsgesetz zugelassen ist, bedarf der vorherigen Zustimmung des Verlags. Das gilt insbesondere
für Vervielfältigungen, Bearbeitungen, Übersetzungen, Mikroverfilmungen und die Einspeicherung und Ver-
arbeitung in elektronischen Systemen.
Die Wiedergabe von Gebrauchsnamen, Handelsnamen, Warenbezeichnungen usw. in diesem Werk berechtigt
auch ohne besondere Kennzeichnung nicht zu der Annahme, dass solche Namen im Sinne der Warenzeichen-
und Markenschutz-Gesetzgebung als frei zu betrachten wären und daher von jedermann benutzt werden dürften.
Der Verlag, die Autoren und die Herausgeber gehen davon aus, dass die Angaben und Informationen in diesem
Werk zum Zeitpunkt der Veröffentlichung vollständig und korrekt sind. Weder der Verlag noch die Autoren oder
die Herausgeber übernehmen, ausdrücklich oder implizit, Gewähr für den Inhalt des Werkes, etwaige Fehler
oder Äußerungen.

Gedruckt auf säurefreiem und chlorfrei gebleichtem Papier

Springer Fachmedien Wiesbaden ist Teil der Fachverlagsgruppe Springer Science+Business Media
(www.springer.com)

Inhaltsverzeichnis

Abkürzungsverzeichnis

AG	Aktiengesellschaft
ANOVA	Analysis of Variance
BVI	Bundesverband Investment und Asset Management e.V.
CR	Contingent reward
E&G DIMAX	Deutscher Immobilienaktienindex (Bankhaus Ellwanger & Geiger)
e.V.	Eingetragener Verein
FRL	Full Range of Leadership
GdW	GdW Bundesverband deutscher Wohnungs- und Immobilienunternehmen e.V.
gIF	Geschlossene Immobilienfonds
gif	Gesellschaft für Immobilienwirtschaftliche Forschung e.V.
HPO	High Performance Organisation
IAG	Immobilien-AG
KAGB	Kapitalanlagegesetzbuch
LF	Laissez-faire
M	Mittelwert
m	männlich
MBE-A	Aktives Management-by-Exception
MBE-P	Passives Management-by-Exception
MLQ	Multifactor Leadership Questionnaire
n.s.	nicht signifikant
OCI	Organizational Culture Inventory
OCP	Organizational Culture Profile
OCQ	Organizational Culture Questionnaire
ODQ	Organizational Description Questionnaire
oIF	Offene Immobilienfonds
REIT	Real Estate Investment Trust
REITG	Gesetz über deutsche Immobilien-Aktiengesellschaften mit börsennotierten Anteilen (REIT-Gesetz)
SD	Standard Deviation (Standardabweichung)
sig.	signifikant

SPSS	Statistical Package for the Social Sciences
TA	Transaktionale Führung
TF	Transformationale Führung
URL	Uniform Resource Locator
US	United States
VDP	Verband Deutscher Pfandbriefbanken e.V.
VGF	Verband Geschlossene Fonds e.V.
w	weiblich
ZIA	Zentraler Immobilienausschuss e.V.

Abbildungsverzeichnis

Tabellenverzeichnis

Einleitung

1

1.1 Problemstellung und Zielsetzung

Führungskräften in der Immobilienwirtschaft fehlen nach der Einschätzung von Lee (2012, S. 81–83) zu einem Großteil Visionen, Weitsicht und Unternehmertum. Lee bemängelt weiter, dass sich Führungspersönlichkeiten oftmals stärker über Titel, erfolgreiche Transaktionen oder Besitzstände definieren, anstatt ihre Handlungsmaxime an Innovation, Inspiration und Motivation auszurichten. Im Zuge dieses Paradigmenwechsels, dessen Ursprung Lee Ende der 90er Jahre sieht, habe sich auch ein anderes Verständnis von Führung entwickelt, das sich sowohl auf die Führungskräfte als auch auf die Mitarbeiter[1] auswirke.

Die Ausführungen sind nicht unbegründet und können in der Praxis der immobilienwirtschaftlichen Führung und Organisation anhand von Beispielen bestätigt werden, etwa in Bezug auf reaktives Führungsverhalten, bürokratische Entscheidungsstrukturen, unklare Verantwortlichkeiten, kurzfristige Personalplanung und erhöhte Fluktuation sowie eine reine Gehalts-Incentivierung von Mitarbeitern (Richter, 2004, zitiert nach: Bach, 2005).

Das von Lee (2012) beschriebene Führungsverhalten lässt sich als transaktionale Führung umschreiben, bei der die Austauschbeziehung zwischen Führungskraft und Mitarbeiter alleine auf Leistung und Gegenleistung beruht.

Die Hintergründe für dieses Phänomen sind vielschichtig und kein alleiniges Merkmal der Immobilienwirtschaft. So befindet sich das unternehmerische Umfeld in den letzten Jahren zunehmend in einem Kontext internationaler Verflechtung und steigenden Wettbewerbs. Hieraus ergeben sich nicht nur Anforderungen an die Optimierung interner Strukturen und Prozesse, sondern insbesondere an Führungskräfte diese Veränderungsprozesse zu begleiten (Homma & Bauschke, 2010, S. 11; Dörr, 2008, S. 1).

---

[1] Im Folgenden wird aus Gründen der sprachlichen Vereinfachung nur die männliche Form verwendet. Es sind jedoch stets Personen männlichen und weiblichen Geschlechts gleichermaßen gemeint.

© Springer Fachmedien Wiesbaden 2015

M. Zingel, *Transformationale Führung in der multidisziplinären Immobilienwirtschaft,*
Impulse für die Immobilienwirtschaft, DOI 10.1007/978-3-658-07733-4_1

Auch die Immobilienwirtschaft ist in dieses Umfeld steigender wirtschaftlicher Dynamik und Komplexität eingebunden, die aufgrund ihrer heterogenen Branchenstruktur und multidisziplinären Schnittstellenfunktion jedoch besondere Anforderungen an die Professionalisierung interner Führungs- und Organisationsstrukturen stellt (Flohr, 2011, S. 395).

Unter Berücksichtigung der skizzierten Entwicklung stellt sich die Frage, welches Führungsverhalten eine zukunftsfähige Basis für die Immobilienwirtschaft bilden könnte, um den kommenden Herausforderungen der Branche gerecht zu werden. Folgt man der Argumentation von Lee (2012, S. 82), dann ist ein Wandel hin zu einem transformationalen Führungsverhalten eine notwendige Voraussetzung für die Zukunft der Branche und ein wesentliches Kriterium für Mitarbeiterorientierung sowie wirtschaftlichen Erfolg.

Transformationale Führung hat dabei das Ziel, durch die Vorbildfunktion der Führungskraft und deren langfristig orientierten Ideale das Verhalten und das Bewusstsein der Mitarbeiter zu verändern, um so die Unternehmens- und Führungskultur positiv zu verändern. Der entscheidende Unterschied zwischen transformationaler und transaktionaler Führung besteht grundsätzlich darin, dass transformationale Führung nicht von einem zweckbestimmten Austauschprozess ausgeht und das Konzept eine Transformation der Mitarbeiterbedürfnisse auf eine höhere Ebene anstrebt (Bass, 1985).

Darüber hinaus können solche Führungs- und Unternehmenskulturen nach Wunderer (2011, S. 304) auch zu einer Reduzierung von Transaktionskosten beitragen, da diese eine klare Rollenverteilung zwischen Führungskräften und Geführten definieren und so den Vereinbarungsaufwand ersetzen oder zumindest reduzieren.

Vor diesem Hintergrund will die vorliegende Arbeit den in Theorie und Praxis vieldiskutierten Gedanken der transformationalen Führung (Felfe, 2006; Pundt & Nerdinger, 2012) aufgreifen und auf die Immobilienwirtschaft in Deutschland übertragen. Bei der Untersuchung soll, den o. a. Ausführungen folgend, die Hypothese zugrunde liegen, dass sich die Akteure in der Immobilienwirtschaft an einem eher transaktionalen Führungsmodell ausrichten, wobei voraussichtlich Unterschiede in dessen Ausprägung zwischen einzelnen Akteuren aufgrund einer unterschiedlichen Führungs- und Unternehmenskultur bestehen. Gegenstand der Betrachtung sind dabei die folgenden Aspekte:

- Herausforderungen in der Immobilienwirtschaft im Kontext von Führung
- Darstellung des Konzepts transformationaler Führung und dessen Implikationen
- Beschreibung ausgewählter Effekte und Wirkmechanismen transformationaler Führung
- Untersuchung des Status quo der Immobilienwirtschaft bzw. einzelner Akteure in Bezug auf transaktionale und transformationale Führung
- Analyse der Unterschiede zwischen einzelnen Akteuren und Diskussion von Herausforderungen und Konsequenzen
- Kritische Würdigung der Ergebnisse

1.2   Gang der Untersuchung

In Kap. 2 werden zunächst die Herausforderungen der Immobilienwirtschaft im Kontext von Führung herausgearbeitet, die Schwerpunkte liegen auf den Charakteristika Heterogenität, Multidisziplinarität, Komplexität und Reaktivität. Aufbauend werden die grundlegenden Begriffe von Unternehmens- und Personalführung vorgestellt, wobei vorrangig der für die Arbeit notwendige Zusammenhang zwischen Organisation und Führung hergestellt wird. Zur theoretischen Fundierung erfolgt eine Einordnung und Abgrenzung von Führungsstilen innerhalb der traditionellen Führungsforschung (Kap. 2.3).

In Kap. 3 wird das Modell der transformationalen Führung als zentrales Konzept der Arbeit dargestellt. Hierfür wird zunächst eine Einordnung innerhalb der Führungstheorien vorgenommen und auf das Phänomen „Charisma" und die „New Leadership Ansätze" eingegangen. Weiter wird das „Full Range of Leadership-Modell" nach Bass (1985) beschrieben, welches den theoretischen Rahmen der Arbeit bildet. Im weiteren Verlauf werden wichtige korrelative Effekte und Wirkmechanismen transformationaler Führung erörtert, dabei wird auf ausgewählte Charakteristika der Immobilienwirtschaft Bezug genommen.

Als Betrachtungsebene für die weitere Untersuchung transformationaler Führung wird das Phänomen der Unternehmenskultur eingeführt, der Zusammenhang zwischen Führungs- und Unternehmenskultur verdeutlicht und die Messbarkeit von Führungs- und Unternehmenskultur thematisiert. Zu diesem Zweck werden der „Organizational Description Questionnaire" (ODQ) nach Bass und Avolio (1992; 1993) sowie die Diskriminierungsfaktoren nach Heidbrink und Jenewein (2011) vorgestellt, die im Hauptteil als Analyseinstrumente weitere Verwendung finden. Der erste Teil schließt mit der Darstellung ausgewählter Aspekte des Forschungsstands und einem Zwischenfazit, in dem auch kritische Aspekte transformationaler Führung diskutiert werden.

In Kap. 4 erfolgt eine empirische Befragung zu transformationaler Führungskultur in der diesbezüglich noch weitgehend unerforschten deutschen Immobilienwirtschaft. Hierfür wird zunächst eine Abgrenzung des Teilnehmerfelds anhand eines mehrstufigen Auswahlprozesses vorgenommen, Ausgangspunkt bildet das immobilienwirtschaftliche Aktivitätsmodell nach Diaz (1993). Im weiteren Verlauf wird die Untersuchungsmethodik, bestehend aus Zielsetzung, Datenerhebung und der Ansprache der Teilnehmer anhand des ODQ, erläutert. Hierauf aufbauend wird eine Analyse der Ergebnisse auf anonymisierter Basis vorgenommen, die sich auf die Auswertung der Kulturtypen nach Bass und Avolio (1992) sowie der Diskriminierungsfaktoren nach Heidbrink und Jenewein (2011) stützt.

Um die Ergebnisse der Befragung einer kritischen Würdigung zu unterziehen, werden in Kap. 4.5 wesentliche Aspekte wie das Befragungsinstrument und die Abgrenzung der Teilnehmerstruktur reflektiert. Darüber hinaus wird das Antwortverhalten der Teilnehmer vor dem Hintergrund einer möglichen sozialperspektivischen Diskrepanz untersucht.

In Kap. 4.6 werden die Ergebnisse der einzelnen Akteure reflektiert. Die Betrachtung folgt dabei dem immobilienwirtschaftlichen Hintergrund des Akteurs und es werden implizierte Herausforderungen transformationaler und transaktionaler Führung genannt.

1 Einleitung	
1.1 Problemstellung und Zielsetzung	1.2 Gang der Untersuchung

2 Theoretische Grundlagen	
2.1 Herausforderungen in der Immobilienwirt-schaft	2.2 Grundlegende Begriffe und Definitionen
	2.3 Führungstheorien

3 Transformationale Führung	
3.1 Einordnung transformationaler Führung innerhalb der Führungstheorien und die „New Leadership Ansätze"	3.2 Das Modell des "Range of Leadership" nach Bass (1985)
3.3 Effekte und Wirkmechanismen transfor-mationaler Führung	3.4 Unternehmenskultur als Gradmesser trans-formationaler Führung
3.5 Stand der Forschung zu transformationaler Führung und Führungskultur	3.6 Zwischenfazit und kritische Würdigung

4 Untersuchung transformationaler Führungskultur in der Immobilienwirtschaft	
4.1 Vorgehensweise	4.2 Abgrenzung des Untersuchungsgegenstands
4.3 Methodik der empirischen Untersuchung	4.4 Analyse des Status quo von transformatio-naler Führung anhand ausgewählter Akteure in der Immobilienwirtschaft
4.5 Kritische Würdigung der Ergebnisse	4.6 Herausforderungen für einzelne Akteure

5 Zusammenfassung und Ausblick	
5.1 Zusammenfassung und Ergebnisse	5.2 Ausblick

Abb. 1.1 Aufbau der Arbeit

Kap. 5 bildet den Abschluss der Arbeit, dort werden die wichtigsten Ergebnisse zusam-mengefasst und ein Ausblick für mögliche Forschungsschwerpunkte gegeben (Abb. 1.1).

Literatur

Bass, B. M. (1985). *Leadership and performance beyond expectation.* New York: Free Press.

Bass, B. M., & Avolio, B. J. (1992). *Organizational Description Questionnaire. Sampler set, manu-al, instrument, scoring guide.* Menlo Park: Mind Garden.

Bass, B. M., & Avolio, B. J. (1993). Transformational leadership and organizational culture. *Public Administration Quarterly, 17(1),* 112–121.

Diaz, J. III. (1993). Science, engineering, and the discipline of real estate. *Journal of Real Estate Literature, 1(2),* 183–195.

Dörr, S. L. (2008). *Motive, Einflussstrategien und transformationale Führung als Faktoren effekti-ver Führung.* München: Hampp.

Felfe, J. (2006). Transformationale und charismatische Führung – Stand der Forschung und aktuelle Entwicklungen. *Zeitschrift für Personalpsychologie, 5(4),* 163–176.

Flohr, T. (2011). Personalwirtschaft. In N. B. Rottke, & M. Thomas (Hrsg.), *Immobilienwirtschafts-lehre, Band. 1, Management* (S. 393–419). Wiesbaden: Immobilien Manager.

Heidbrink, M., & Jenewein, W. (2011). *High-Performance-Organisationen: Wie Unternehmen eine Hochleistungskultur aufbauen.* Stuttgart: Schäffer-Poeschel.

Homma, N., & Bauschke, R. (2010). *Unternehmenskultur und Führung. Den Wandel gestalten – Methoden, Prozesse, Tools.* Wiesbaden: Gabler.

Lee, C. (2012). *Transformational leadership in the new age of real estate.* Chicago: Institute of Real Estate Management.

Pundt, A., & Nerdinger, F. W. (2012). Transformationale Führung – Führung für den Wandel? In S. Grote (Hrsg.), *Die Zukunft der Führung* (S. 27–45). Berlin: Springer Gabler.

Richter, P. H. (2004). *Perspektiven zukunftsorientierter Personalpolitik.* Vortrag im Rahmen des Kongresses Personalentwicklung des GdW Bundesverband deutscher Wohnungsunternehmen am 23.04.2004. Zitiert nach: Bach, H. (2005). Immobilienmanagement. In H. Bach, M. Ottmann, E. Sailer, & F. P. Unterrainer (Hrsg.), *Immobilienmarkt und Immobilienmanagement* (S. 97–177). München: Vahlen.

Wunderer, R. (2011). *Führung und Zusammenarbeit. Eine unternehmerische Führungslehre* (9., neu bearbeitete Auflage). Köln: Luchterhand.

Theoretische Grundlagen

2

2.1 Herausforderungen in der Immobilienwirtschaft

Bei dem Begriff Immobilienwirtschaft orientiert sich die vorliegende Arbeit an der Definition des Zentralen Immobilien Ausschuss e. V. (ZIA) (2013), der diesen aus bereits bestehenden Definitionen ableitet und Immobilienwirtschaft als den Teilsektor der Volkswirtschaft versteht, „dem die Veränderung und Bewirtschaftung von Gebäuden, zugehörigen Grundstücken sowie Bauland obliegen. Dieser umfasst damit die Haushalte und Betriebe, die für Dritte Grundstücke oder langlebige Bauwerke ... erstellen, verändern sowie bewirtschaften" (S. 3).

Die deutsche Immobilienwirtschaft umfasst mehr als 707.000 Unternehmen und beschäftigt über 3,8 Mio. Erwerbstätige, was einem Anteil von 22 % der Unternehmen und 10 % aller Erwerbstätigen entspricht. Die Immobilienwirtschaft ist damit eine der größten Wirtschaftszweige und trug im Jahr 2006 mit rd. 390 Mrd. € (18,6 %) zur gesamtwirtschaftlichen Wertschöpfung bei (Voigtländer et al., 2013, S. 44, 58).

Dabei wird die Immobilienwirtschaft aus einer Managementperspektive betrachtet und orientiert sich an dem von Rottke (2011b, S. 81–87) begründeten transaktionsbasierten Ansatz der Immobilienwirtschaftslehre, der die interdisziplinären Fachgebiete Immobilienmanagement, Immobilienökonomie und Immobilienrecht umfasst. Das Immobilienmanagement vereint hierbei sämtliche Führungs- und Managementaspekte bezogen auf die „Koordination und Steuerung von Immobilienunternehmen" (S. 83) und orientiert sich an den klassischen Führungsbegriffen bzw. dem Management- und Organisationsprozess der Allgemeinen Betriebswirtschaftslehre.

© Springer Fachmedien Wiesbaden 2015

M. Zingel, *Transformationale Führung in der multidisziplinären Immobilienwirtschaft,*
Impulse für die Immobilienwirtschaft, DOI 10.1007/978-3-658-07733-4_2

Bei näherer Betrachtung von Führung, in Bezug auf die Immobilienwirtschaft, lassen sich Besonderheiten[1] in puncto Heterogenität, Komplexität, Multidisziplinarität und Reaktivität anführen, welche die Herausforderungen von Führung verdeutlichen.

Die Immobilienwirtschaft zeichnet sich durch ein hohes Maß an *Heterogenität* aus, die sich in der Vielzahl an beteiligten Akteuren widerspiegelt (Rottke, 2011a, S. 174). Heterogenität tritt dabei sowohl zwischen einzelnen Akteuren als auch innerhalb immobilienwirtschaftlicher Unternehmen auf und lässt sich in fachliche und persönliche Aspekte unterscheiden. Während fachliche Heterogenität in einer breiteren Basis an Wissen bzw. Wissensverarbeitung und einer höheren Anzahl an Alternativen bei Entscheidungen resultiert, bewirkt persönliche Heterogenität eine positive Wirkung auf Entscheidungsqualität, Informationssuche und Informationsverhalten (Brettel et al., 2009, S. 93–104).

Die daraus resultierende *Komplexität* lässt sich anhand der verschiedenen Aktivitäten deutlich machen, wie sie Diaz (1993) in seinem Modell immobilienwirtschaftlicher Aktivität (vgl. Kap. 4.2.1) schildert. Ausgehend von der unternehmerischen Aktivität bzw. der Kapitalbeschaffung als Nukleus des Modells, umfassen die Finanzierungs- und Investitionsaktivitäten sowie die Interaktion mit der öffentlichen Hand und externen Dienstleistern weitere Kernbereiche. Hieraus ergibt sich, dass es im Vergleich zu anderen Branchen weder den typischen Akteur gibt noch eine exakte Zuweisung aller Akteure in das Aktivitätsmodell möglich ist (Rottke, 2011a, S. 178). Aus den inhärenten Marktverflechtungen werden die komplexen Interaktionen in der Immobilienwirtschaft deutlich, aus denen sich Herausforderungen an das Führungssystem ableiten lassen.

Im Umgang mit der daraus resultierenden Vielfalt an unterschiedlichen Einflussfaktoren und deren Interdependenzen, ergibt sich auch eine endliche *Strukturierbarkeit von Entscheidungen* (Ulrich & Fluri, 1992, S. 114) und letztlich ein komplexeres Gesamtsystem. Hieraus lassen sich eine Reihe von Herausforderungen hinsichtlich der diametralen Vorstellungen und Interessen der Beteiligten ableiten, die wiederum Konflikte hervorrufen können und zusätzliche Koordination erfordern. Nachteile äußern sich in höherer Fluktuation, geringerer Zufriedenheit, Effizienzeinbußen und einer suboptimalen Gruppenkohäsion (Wegge, 2006, S. 587). Darüber hinaus kann Heterogenität auch zu Informationsasymmetrie und Intransparenz führen, die sich in sinkender Motivation und Leistung widerspiegeln kann (Sodeik, 2009, S. 159–160). So führt Stumpf (2005, S. 123) aus, dass sich bei steigender Heterogenität der Wissensbestand einer Gruppe zunächst erhöht, der Produktivitätszuwachs aufgrund ansteigender Prozessverluste jedoch langfristig abnimmt.

Im Ergebnis bietet Heterogenität der Immobilienwirtschaft zwar große Chancen, es ergeben sich allerdings auch Herausforderung an Kommunikation, Interaktion und Koordinierung der heterogenen Beteiligten sowie der daraus resultierenden inhärenten Komplexität.

Die *Multidisziplinarität* ist eine weitere Perspektive, aus der Führung in der Immobilienwirtschaft betrachtet werden soll. Dem Konzept von Rottke (2011b, S. 73–75) folgend, übt die Immobilienwirtschaft eine Schnittstellenfunktion zu einer Vielzahl weiterer

---

[1] Zu den materiellen Besonderheiten der Immobilienwirtschaft siehe Rottke (2011e, S. 41–46).

Disziplinen aus. Die Ausrichtung gestaltet sich dabei multidisziplinär, da es sich bei den Fachbereichen um eigenständige Disziplinen mit einem klar abgegrenzten Erfahrungs- und Erkenntnisgegenstand handelt. Aus diesem Zusammenspiel können Konflikte auftreten, da trotz des grundlegenden Immobilienbezugs kein einheitliches Verständnis über die unterschiedlichen Perspektiven vorherrscht. In der Praxis lässt sich eine diametrale Ziel- und Entscheidungsorientierung feststellen, bei der sowohl eine unterschiedliche Komplexität- und Detaillierungstiefe als auch Fachspezifika, bspw. der Gegensatz von ingenieurs- und wirtschaftswissenschaftlich ausgerichteten Disziplinen, auftreten. Diese können sich in affektiven Konflikten, Vertrauensverlusten und unklaren Interessenlagen äußern (Brettel et al., 2009, S. 110–111). So stellt Multidisziplinarität die Herausforderung an die Führungskraft, eine möglichst optimale Besetzung der stark heterogenen und in der Regel projektspezifisch besetzten Teams zu gewährleisten (Rottke, 2012, S. 30), dessen Arbeitsergebnis über die Summe der Einzelleistungen hinausgeht.

Stärker als in anderen Branchen muss die Führungskraft dabei eine Integrations- und Mittlerrolle ausüben, damit die gewünschten Ergebnisse erzielt werden. Neben einer fachlichen Ausrichtung erscheint hierfür ein hohes Maß an sozialer Wertschätzung, individuellem Einfühlungsvermögen und kommunikativer Kompetenz notwendig (Flohr, 2011). Die in der Immobilienwirtschaft vorherrschende Multidisziplinarität stellt somit eine strategische Herausforderung an das Führungsmodell dar.

Bei der Immobilienwirtschaft handelt es sich um eine *reaktive Branche*, da sich in ihr Wirtschafts- und Finanzzyklen spiegeln (Wernecke, Rottke, & Holzmann, 2004) und Megatrends niederschlagen. Hierzu zählen globale Trends wie bspw. Demografie, Umwelt, Technologie, Wissensmanagement und der Wandel von Werten, woraus sich Anforderungen an nachhaltige Flächeneffizienz, virtuelle Arbeitsplätze, ein unterstützendes Kommunikationsmanagement sowie individuelle Work-Life-Balance-Konzepte (Wingerter, 2013, S. 145) ergeben. Diese externen Bedingungen können zu einer steigenden Dynamik, umfassendem Wandel und Unsicherheit führen. In dem Kontext reagieren Mitarbeiter verunsichert und Entscheidungen erscheinen nicht nachvollziehbar. Reaktionen reichen von Furcht und Hilflosigkeit über Stress und Überforderung bis zu Zynismus und aktivem Widerstand (Winterhoff-Spurk, 2008, S. 67).

Aufgrund der Reaktivität sowie stetiger Dynamik ist es daher wichtig, eine Führungskultur in der Immobilienwirtschaft zu etablieren, die Mitarbeiter an die Organisation bindet, gemeinsame Ziele vermittelt, Orientierung gibt und aktiv auf anstehende Veränderungen vorbereitet (Flohr, 2011, S. 412–413).

An das Führungssystem ergeben sich hieraus eine Reihe von Herausforderungen, die sich aus den zentralen Merkmalen Multidisziplinarität und Heterogenität ableiten lassen. Inwiefern transformationale Führung vor diesem Hintergrund ein geeignetes Führungskonzept für die Immobilienwirtschaft sein könnte, soll nach der Definition grundlegender Begriffe, in Kap. 3 näher untersucht werden.

2.2   Grundlegende Begriffe und Definitionen

2.2.1   Unternehmens- und Personalführung

Unternehmensführung kann im funktionalen und im institutionalen Sinne betrachtet werden. Aus einer funktionalen Sichtweise definiert Rühli (1996) Unternehmensführung

> als die effiziente Steuerung der multipersonalen Problemlösung im Kontext des Systems Unternehmung auf der Grundlage der formalen Elemente der Führungstechnik (Planung, Entscheidung, Anordnung, Kontrolle) und des Beeinflussungsvorganges zwischen Menschen (Absichtskundgebung, Absichtsübertragung, Absichtsannahme) zur Gestaltung des Führungsinhaltes (Grundlagen, Ziele, Maßnahmen, Mittel) der verfolgten Innen- und Außenpolitik (S. 65).

Die *funktionale* Definition fasst Unternehmensführung im Kern als idealtypischen Entscheidungsprozess auf, der in der Betriebswirtschaftslehre weite Verbreitung findet und verdeutlicht, dass sich Unternehmensführung vom originären Leistungsprozess (z. B. Produktion, Einkauf etc.) abgrenzt. Vielmehr findet durch Unternehmensführung eine Verknüpfung und Überlagerung der Leistungsprozesse statt. Die *institutionale* Perspektive versteht Unternehmensführung als das oberste Gremium der Willensbildung, das durch rechtliche oder organisatorische Regeln legitimiert ist und den idealtypischen Entscheidungsprozess wahrnimmt. Unternehmensführung beabsichtigt eine koordinierende Funktion und damit Einfluss auf Menschen (Hungenberg & Wulf, 2006, S. 22–26).

Demnach kann Unternehmensführung als Führung im Sinne von Mitarbeiter- oder personenbezogener Führung verstanden werden, was die Grundlage für den weiteren Gang der Arbeit bildet. Zum Begriff personaler Führung existiert eine große Anzahl unterschiedlicher Definitionen, bei denen sich folgende Gemeinsamkeiten feststellen lassen (Yukl, 2013, S. 19; Stogdill, 1950, S. 4; Staehle, 1999, S. 328; Felfe, 2009, S. 4):

- Führung als Prozess sozialer Einflussnahme durch die Führungskraft
- Die Einflussnahme ist auf die Erreichung von Zielen ausgelegt
- Zur Zielerreichung soll auf Seiten der Geführten eine Verhaltensänderung ausgelöst werden
- Interaktion als zentrales Merkmal zwischen Führungskraft und Geführten

Zusammenfassend soll für die weitere Betrachtung festgehalten werden, dass das zentrale Augenmerk von Führung auf der „Beeinflussung von Mitarbeitern durch Führungskräfte" (S. 6) liegt, was nach Felfe (2009) der Mitarbeiterführung im engeren Sinne entspricht.

2.2.2 Führungserfolg

Nach Neuberger (2002, S. 44) kann Führung als erfolgreich angesehen werden, wenn die im Vorfeld angestrebten Ziele erreicht werden. Hierbei ist jedoch nicht nur das primäre Ergebnis, sondern auch der Weg der Zielerreichung zu analysieren. Vor diesem Hintergrund verwundert es, dass die Vielzahl an Theorien und Modellen den idealen Führungsstil zum Gegenstand haben und weniger den primären Zweck bzw. das Ziel von Führung (Neuberger, 2002, S. 434). In Bezug auf die Operationalisierung von Führungserfolg herrscht dabei ebenso wenig Konsens wie über die zugrundeliegenden Wirkmechanismen. Konzeptionelle Schwierigkeiten bei der Messung von Erfolgskriterien lassen sich als Kriterienprobleme subsumieren, worunter u. a. Objektivierbarkeit, Trennschärfe, Erfassbarkeit und Repräsentativität bei der Untersuchung der Zusammenhänge zwischen Führungserfolg und Kriterium verstanden wird (Neuberger, 2002, S. 295).

In der Literatur existieren verschiedene Gruppen von Erfolgskriterien, die sich nach Witte (1995, S. 263–266) in eine ökonomische Effizienz- oder Leistungsdimension (z. B. Arbeitsproduktivität von Mitarbeitern, Innovationsbereitschaft) und in eine soziale Dimension (bspw. Zufriedenheit, Gruppenkohäsion) unterscheiden lassen. Abb. 2.1 zeigt das Modell des Führungserfolgs nach Rosenstiel (2003, S. 166–167), der als zugehörige Variablen ökonomische Effizienz und Personeneffizienz nennt.

Rosenstiel (2003) weist jedoch darauf hin, dass empirische Merkmale, die mit Führungserfolg korrelieren, in Studien sehr unterschiedlich ausfallen und Führungserfolg insbesondere von der individuellen Situation abhängt.

Aus der Darstellung geht hervor, dass Führungserfolg in einem organisationalen Gesamtprozess eingebunden ist, ausgehend von der Person des Führenden und dem Führungsverhalten, der durch die Führungssituation flankiert wird. Vor diesem Hintergrund erscheint es notwendig, den Zusammenhang zwischen Führung und Organisation zu skizzieren.

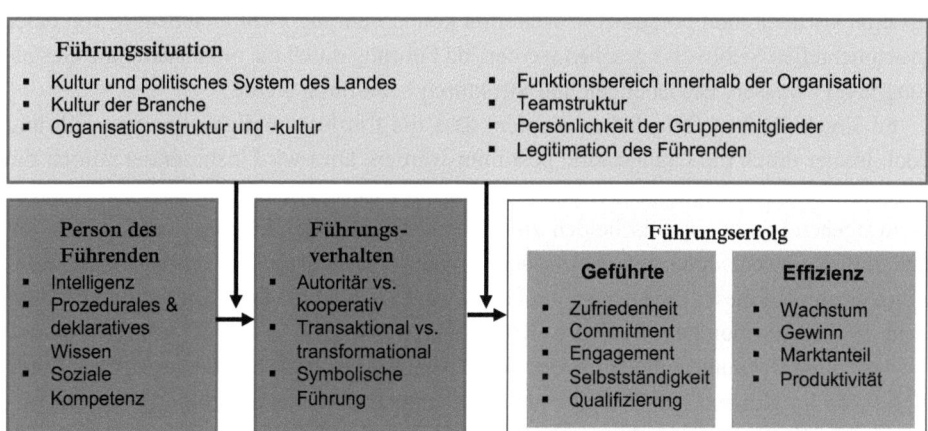

Abb. 2.1 Komponenten des Führungserfolgs. (Eigene Darstellung in Anlehnung an Rosenstiel (2003, S. 167))

2.2.3 Organisation und Führung

Der Begriff „Organisation" kann nach Schreyögg und Werder (2004, S. 967–970) zum einen als Instrument und zum anderen als Institution verstanden werden. Der *instrumentelle* Organisationsbegriff ist von einem gestalterischen Prozess des „Organisierens" geprägt und begreift Organisation „als Instrument der Unternehmensführung zur Steuerung von Leistungsprozessen" (S. 967). Die instrumentelle Betrachtung unterscheidet konzeptionell einen funktionalen und einen konfigurativen Ansatz. Die funktionale Auffassung ist wesentlicher Gegenstand der Managementlehre und versteht Organisation, neben Planung und Kontrolle, als Funktion der Unternehmensführung zur Sicherstellung des Unternehmenszwecks. Die durch Kosiol (1976) geprägte konfigurative Sichtweise begreift Organisation als aktive und dauerhafte Gestaltung von Prozessen. Ausgehend von der Aufgabe setzt die Organisation einen regelbasierten Rahmen, in dem sich laufende Dispositionen treffen lassen. Ausgangspunkt jeder Organisation ist die Aufgabenanalyse, die im Rahmen einer Aufbau- und Ablauforganisation strukturiert wird. Organisationsformen umfassen nach Reichwald (2004, S. 1000) verschiedene Strukturen, welche die Unternehmensführung für die spezifischen Verhältnisse in der Organisation wählt, um die Koordinations- und Motivationsprobleme, bestehend aus Hierarchie, interorganisationale Netzwerke und Markt, möglichst optimal zu lösen. Der *institutionelle* Ansatz sieht das Unternehmen selbst als Organisation, das durch Zweckorientierung, Arbeitsteilung und beständige Grenzen gekennzeichnet ist. Der Ansatz macht weiter deutlich, dass Organisation, neben der formalen Ordnung, auch ein soziales Gebilde mit Prozessen, Arbeitsabläufen und der Veränderung von Strukturen darstellt.

Nach Weibler (2001, S. 104–106) besteht grundsätzlich ein wechselseitiges Begünstigungsverhältnis zwischen Organisation und Führung und nach Türk (1984) ist Führung „ohne Organisation nicht möglich" (S. 66). Hierzu führt Lührmann (2006, S. 56–63) aus, dass Führung immer im Kontext des jeweiligen Systems zu betrachten ist und die Organisation als Institution voraussetzt. Weiterhin könne Führung nicht unabhängig von einer instrumentellen Sichtweise gesehen werden, da Führung durch die organisationale Gestaltung von Prozessen, Beziehungen und Strukturen beeinflusst werde.

Im Ergebnis kann festgehalten werden, dass die Einflussmöglichkeiten von Führung auch immer durch die Organisation bestimmt werden. Dies wird insbesondere durch die Eigenart von Organisationen greifbar, in Bezug auf Zweck, Hierarchie und Mitgliedschaft weitestgehend autonom entscheiden zu können. Aus der Betrachtung von Organisation anhand des Entscheidungsbegriffs ergibt sich vice versa auch die Notwendigkeit von Führung, da anhand dieser die Disposition über Zweck, Hierarchie und Mitgliedschaft innerhalb der Organisation getroffen wird (Kühl, 2011, S. 16–25).

Aus diesem Grund soll der Arbeit kein bestimmter Organisationsbegriff zugrunde liegen, da im Kontext der Untersuchung von (transformationaler) Führung sowohl institutionelle (bzgl. einzelner Akteure) als auch instrumentelle Aspekte (bzgl. Struktur und Hierarchie) betrachtet werden. Von dem Begriff der Organisationsform, im Sinne einer rein (konfigurativen) Koordinierungsfunktion, soll abstrahiert werden. Hierunter sollen vielmehr die multidisziplinären Akteure verstanden werden, die sich in der Immobilienwirtschaft engagieren und die in Kap. 4.2 näher beschrieben werden.

Der Grundlagenteil schließt mit dem nachfolgenden Überblick in die Tradition der Führungstheorien ab, um anschließend in Kap. 4 eine konzeptionelle Eingliederung transformationaler Führung vornehmen zu können.

2.3 Führungstheorien

Führungstheorien schaffen nach Weinert (2004) den Rahmen, um das Phänomen von Führung besser greifen zu können und mit deren Hilfe sich Vorhersagen treffen lassen, „wie bestimmte Merkmale oder Verhaltensmuster in systematischer Weise Messungen der Führungseffizienz beeinflussen" (S. 461).

Bis Ende der 40er Jahre standen Eigenschafts- oder Traitansätze im Vordergrund. Hierunter werden Theorien subsumiert, welche Attribute von Führungskräften wie Persönlichkeit, Fähigkeiten oder Motivation in den Mittelpunkt stellen und Charaktereigenschaften für Erfolg oder Scheitern als ausschlaggebend betrachten. Traitansätze gelten aufgrund von Inkonsistenzen in der Ableitung allgemeingültiger Persönlichkeitsmerkmale weitgehend als gescheitert (Nerdinger, 2011a, S. 85; Felfe, 2005, S. 16; Yukl, 2013, S. 28).

Die verhaltensorientierte Forschung (Behaviorismus) fokussierte sich bis Ende der 60er Jahre auf die Erlernbarkeit von Führungsverhalten (Felfe, 2009, S. 24). Erste Untersuchungen der Führungsstile „autoritär – demokratisch" und deren Einfluss auf die Gruppenatmosphäre gehen auf Lewin, Lippitt und White (1939) zurück. Die Wirkung von mitarbeiter- bzw. aufgabenorientiertem Führungsverhalten, mittels faktoranalytischer Modelle, wurde erstmals im Rahmen der sogenannten Ohio-Studien (Fleishman, 1953; 1973; Hemphill & Coons, 1957) untersucht. Metastudien zeigen, dass Mitarbeiterorientierung und Zufriedenheit hoch korrelieren und auch Motivation und Leistung signifikante Werte aufweisen (Judge & Piccolo, 2004).

Parallel lassen sich Macht- oder Einflussansätze anführen, die Führung als Prozess der Einflussnahme zwischen Geführten und Führungskraft verstehen. Aus einer führerzentrierten Perspektive wird untersucht, welchen Umfang und welche Art Macht auf Führung impliziert und wie sich diese auf die Effektivität der Führungskraft auswirkt. Macht wird als zentraler Faktor der Beeinflussung von Gruppen inner- und außerhalb der Organisation betrachtet (Yukl, 2013, S. 28–29).

Bis zu Beginn der 80er Jahre wurden verstärkt verhaltensorientierte Ansätze verfolgt, bei denen das Konzept eines idealen Führungsstils im Vordergrund stand. Diese Konzepte wurden durch theoretische und empirische Widersprüche zunehmend kritisch gesehen und durch Studien ergänzt, die den situativen Kontext von Führung in den Fokus stellten (Felfe, 2009, S. 30). Situative Ansätze stellen situationsbezogene Variablen in den Vordergrund, zu denen vor allem die Merkmale der Geführten, der Arbeit oder des externen bzw. organisatorischen Umfelds gehören (Yukl, 2013, S. 29). Hierzu zählt auch der Kontingenzansatz von Fiedler (1967), der anhand der Faktoren Positionsmacht, Strukturiertheit der Aufgabe und Beziehung zwischen Führungskraft und Geführten aufzeigt, dass in manchen Situationen mitarbeiterorientierte Führung bedingt oder gar nicht erfolgreich ist.

Integrative Führungsansätze umfassen jene Betrachtungsweisen, die versuchen mehrere Variablen der Führung bzw. Führungsstile in einem gemeinsamen Modell zusammenzufassen (Yukl, 2013, S. 29).

Seit den 80er Jahren lassen sich verstärkt transformationale bzw. charismatische Führungsansätze beobachten (Conger & Kanungo, 1988; Bass, 1985), die dem sogenannten „New Leadership Approach" (Bryman, 1992) zugeordnet werden und den Ausgangspunkt für die weitere Untersuchung bilden. Im Gegensatz zu Erklärungsansätzen, die mehr auf den Status quo bzw. die Vergangenheit gerichtet sind, rücken nun Verhaltenstheorien in den Mittelpunkt, die stärker zukunftsbezogen und von der Entwicklungsfähigkeit von Führung in einer Organisation geprägt sind (Felfe, 2009, S. 43; 2005, S. 18).

Literatur

Bass, B. M. (1985). *Leadership and performance beyond expectation.* New York: Free Press.

Brettel, M., Heinemann, F., Sander, T., Spieker, M., Strigel, M., & Weiß, K. (2009). *Erfolgreiche Unternehmerteams: Teamstruktur – Zusammenarbeit – Praxisbeispiele.* Wiesbaden: Gabler.

Bryman, A. (1992). *Charisma and leadership in organizations.* London: Sage.

Conger, J. A., & Kanungo, R. N. (1988). Training charismatic leadership: A risky and critical task. In J. A. Conger, & R. N. Kanungo (Hrsg.), *Charismatic leadership. The elusive factor in organizational effectiveness* (S. 309–323). San Francisco: Jossey-Bass.

Diaz, J. III. (1993). Science, engineering, and the discipline of real estate. *Journal of Real Estate Literature, 1(2)*, 183–195.

Felfe, J. (2005). *Charisma, transformationale Führung und Commitment.* Köln: Kölner Studien.

Felfe, J. (2009). *Mitarbeiterführung.* Göttingen: Hogrefe.

Fiedler, F. E. (1967). *A theory of leadership effectiveness.* New York: McGraw-Hill.

Fleishman, E. A. (1953). Leadership climate, human relations training and supervisory behavior. *Personnel Psychology, 6(1)*, 205–222.

Fleishman, E. A. (1973). Twenty years of consideration and structure. In E. A. Fleishman, & G. Hunt (Hrsg.), *Current developments in the study of leadership* (S. 1–37). Carbondale: Southern Illinois University Press.

Flohr, T. (2011). Personalwirtschaft. In N. B. Rottke, & M. Thomas (Hrsg.), *Immobilienwirtschaftslehre, Band 1, Management* (S. 393–419). Wiesbaden: Immobilien Manager.

Hemphill, J. K., & Coons, A. E. (1957). Development of the leader behaviour description questionnaire. In R. M. Stogdill, & A. E. Coons (Hrsg.), *Leader behavior: Its description and measurement* (Bd. 88, S. 6–38). Columbus: Bureau for Business Research, Ohio State University.

Hungenberg, H., & Wulf, T. (2006). *Grundlagen der Unternehmensführung* (2. Auflage). Heidelberg: Springer.

Judge, T. A., & Piccolo, R. F. (2004). Transformational and transactional leadership: A meta-analytic test of their relative validity. *Journal of Applied Psychology, 89(5)*, 755–768.

Kosiol, E. (1976). *Organisation der Unternehmung.* Wiesbaden: Gabler.

Kühl, S. (2011). *Organisationen: Eine sehr kurze Einführung.* Wiesbaden: VS Verlag für Sozialwissenschaften.

Lewin, K., Lippitt, R., & White, R. K. (1939). Patterns of aggressive behaviour in experimentally created „Social Climates". *Journal of Social Psychology, 10*, 271–299.

Lührmann, T. (2006). *Führung, Interaktion und Identität: Die neuere Identitätstheorie als Beitrag zur Fundierung einer Interaktionstheorie der Führung.* Wiesbaden: Deutscher Universitäts-Verlag.

Nerdinger, F. W. (2011a). Führung von Mitarbeitern. In F. W. Nerdinger, G. Blickle, & N. Schaper (Hrsg.), *Arbeits- und Organisationspsychologie* (2. Auflage) (S. 81–109). Heidelberg: Springer.

Neuberger, O. (2002). *Führen und führen lassen. Ansätze, Ergebnisse und Kritik der Führungsforschung* (6., völlig neu bearbeitete und erweiterte Auflage). Stuttgart: Lucius und Lucius.

Reichwald, R. (2004). Organisationsgrenzen. In G. Schreyögg, & A. v. Werder (Hrsg.), *Handwörterbuch Unternehmensführung und Organisation* (4., völlig neu bearbeitete Auflage) (S. 998–1008). Stuttgart: Schäffer-Poeschel.

Rosenstiel, L. v. (2003). *Grundlagen der Organisationspsychologie* (5., überarbeitete Auflage). Stuttgart: Schäffer-Poeschel.

Rottke, N. B. (2011a). Institutionen im Modell immobilienwirtschaftlicher Aktivität. In N. B. Rottke, & M. Thomas (Hrsg.), *Immobilienwirtschaftslehre, Band 1, Management* (S. 173–190). Köln: Immobilien Manager.

Rottke, N. B. (2011b). Theoretisches Fundament der Immobilienwirtschaftslehre. In N. B. Rottke, & M. Thomas (Hrsg.), *Immobilienwirtschaftslehre, Band 1, Management* (S. 73–89). Köln: Immobilien Manager.

Rottke, N. B. (2011e). Immobilienwirtschaftslehre als wissenschaftliche Disziplin. In N. B. Rottke, & M. Thomas (Hrsg.), *Immobilienwirtschaftslehre, Band 1, Management.* Köln: Immobilien Manager.

Rottke, N. B. (2012). Immobilienwirtschaft und „Leadership". *Immobilienwirtschaft, 9*, 30.

Rühli, E. (1996). *Unternehmensführung und Unternehmenspolitik* (Bd. 1). Bern: Haupt.

Schreyögg, G., & Werder, A. v. (2004). Organisation. In G. Schreyögg, & A. v. Werder (Hrsg.), *Handwörterbuch Unternehmensführung und Organisation* (4. Auflage) (S. 966–977). Stuttgart: Schäffer-Poeschel.

Sodeik, N. (2009). *Projektmanagement wertorientierter Mergers & Acquisitions.* Lohmar: Eul.

Staehle, W. (1999). *Management* (8. Auflage). München: Vahlen.

Stogdill, R. M. (1950). Leadership, membership and organization. *Psychological Bulletin, 47*, 1–14.

Stumpf, S. (2005). Synergie in multikulturellen Arbeitsgruppen. In G. K. Stahl, W. Mayrhofer, & T. M. Kühlmann (Hrsg.), *Internationales Personalmanagement. Neue Aufgaben, neue Lösungen* (S. 115–144). München: Hampp.

Türk, K. (1984). Personalführung – soziologisch betrachtet. *Harvard Manager, 3*, 63–71.

Ulrich, P., & Fluri, E. (1992). *Management* (6., neubearbeitete und ergänzte Auflage). Bern: Haupt.

Voigtländer, M., Demary, M., Gans, P., Meng, R., Schmitz Veltin, A., & Westerheide, P. (2013). *Wirtschaftsfaktor Immobilien. Die Immobilienmärkte aus gesamtwirtschaftlicher Perspektive.* (Deutscher Verband für Wohnungswesen Städtebau und Raumordnung e. V., & Gesellschaft für Immobilienwirtschaftliche Forschung e. V., Hrsg.) Berlin: Spree.

Wegge, J. (2006). Gruppenarbeit (2., überarbeitete und erweiterte Auflage). In H. Schuler (Hrsg.), *Lehrbuch der Personalpsychologie* (S. 579–610). Göttingen: Hogrefe.

Weibler, J. (2001). *Personalführung.* München: Vahlen.

Weinert, A. B. (2004). *Organisations- und Personalpsychologie.* Weinheim: Beltz.

Wernecke, M., Rottke, N., & Holzmann, C. (2004). Incorporating the real estate cycle into management decisions – Evidence from Germany. *Journal of Real Estate Portfolio Management, 10*(3), 171–186.

Wingerter, S. (2013). WorkPlace Management – Bürowelt heute und morgen. In R. M. Blesser (Hrsg.), *Jahrbuch 2012 immobilien.megatrends* (S. 142–161). Köln: Immobilien Manager.

Winterhoff-Spurk, P. (2008). *Unternehmen Babylon. Wie die Globalisierung die Seele gefährdet.* Stuttgart: Klett-Cotta.

Witte, E. (1995). Effizienz der Führung. In A. Kieser, G. Reber, & R. Wunderer (Hrsg.), *Hand-wörterbuch der Führung. Reihe Enzyklopädie der Betriebswirtschaftslehre* (2. Auflage) (Bd. 10, S. 263–276). Stuttgart: Schäffer-Poeschel.

Yukl, G. (2013). *Leadership in Organizations* (8. Auflage). Essex: Pearson.

ZIA Zentraler Immobilien Ausschuss e. V. (2013). *Die Immobilienwirtschaft in der Statistik – Zu-ordnung zu den Wirtschaftszweigen. Anlage 2 zum Schreiben an Herrn Wallacher, Statistisches Bundesamt.* Abgerufen am 24. September 2013 von http://www.zia-deutschland.de/index.php/tools/required/download.php?fID=350

Transformationale Führung

3

3.1 Einordnung transformationaler Führung innerhalb der Führungstheorien und die „New Leadership Ansätze"

Die Ansätze transformationaler und charismatischer Führung lassen sich nach Yukl (2002, S. 13) den integrativen Führungsansätzen zuordnen. Sie untersuchen, wie Mitarbeiter und Organisation so geführt werden können, dass trotz eines von Dynamik geprägten Umfelds, hervorragende Leistungen erzielt werden können.

Die Grundlagen transformationaler Führung basieren wesentlich auf der Forschung zum Einfluss von Charisma der Führungskraft und beziehen sich auf die Arbeiten von House (1977) und Burns (1978). Es gilt daher zunächst den Begriff Charisma[1] zu erläutern, ausgehend von dem Konzept der charismatischen Herrschaft von Max Weber. Nach Weber (1921/1980) gibt es drei verschiedene Formen von Herrschaft: Rational-legal, traditionell und charismatisch. Charisma soll nach Weber (1921/1980)

> eine als außeralltäglich ... geltende Qualität einer Persönlichkeit heißen, um derentwillen sie als mit übernatürlichen oder übermenschlichen oder mindestens spezifisch außeralltäglichen ... Kräften oder Eigenschaften ... als gottgesandt oder als vorbildlich und deshalb als „F ü h r e r" [Hervorhebung im Original] gewertet wird (S. 140).

Bei der Feststellung dieser Qualität kommt es ausschließlich darauf an, „wie sie tatsächlich von den charismatisch Beherrschten, den ‚A n h ä n g e r n' [Hervorhebung im Original], bewertet w i r d [Hervorhebung im Original]" (S. 140).

---

[1] Griechisch: „1. Gesamtheit der durch den Geist Gottes bewirkten Gaben und Befähigungen des Christen in der Gemeinde (Theologie). 2. besondere Ausstrahlungskraft eines Menschen" (Duden, 2000, S. 247–248)

© Springer Fachmedien Wiesbaden 2015   17
M. Zingel, *Transformationale Führung in der multidisziplinären Immobilienwirtschaft*,
Impulse für die Immobilienwirtschaft, DOI 10.1007/978-3-658-07733-4_3

Hieraus kann gefolgert werden, dass charismatische Autorität ihren legitimen Anspruch nicht aus Gesetzen oder Strukturen ableitet, sondern vielmehr aus dem Vertrauen
der Anhänger auf die persönliche Vorbildfunktion der Führungskraft. Charismatische Führungskräfte gelten dabei allgemein als vereinzelte „Auserwählte", denen besondere Wertschätzung und Respekt entgegengebracht wird. Neocharismatische und transformationale
Führungsansätze greifen die Grundgedanken zu Charisma auf, Gemeinsamkeiten sind
die Fokussierung auf die Führungspersönlichkeit, die emotionale Bindung der Mitarbeiter und die Beschreibung des Umfelds, welches durch Wandel, vernunftgemäße Strukturen und Sinnfragen geprägt ist. Unterschiede bestehen in der Ausbreitung von Charisma.
Während die aktuelle Führungsforschung davon ausgeht, dass es sich bei Charisma um
ein spezifisches Führungsverhalten handelt, was erlernbar ist, ging Weber noch von einer
Qualität aus, die an die jeweilige Führungskraft gebunden ist und entweder vorhanden ist
oder nicht (Felfe, 2005, S. 22–24).

Einen entscheidenden Beitrag zur Wiederbelebung der Charisma-Theorien liefert
House (1977), der Merkmale charismatischer Führung identifiziert. Charismatische Führungskräfte sind demnach durch hohes Selbstvertrauen gekennzeichnet, streben nach Do-
minanz und haben ein großes Bedürfnis, Einfluss auf andere auszuüben. Sie verfügen
über eine starke moralische Überzeugung ihrer Ideale bzw. Vorstellungen und treten nach
außen mit großer Authentizität auf. Ihr Führungsstil zeichnet sich durch die Formulierung
einer Vision, der Erweckung von Kompetenz und Erfolgsstreben und der Stimulierung
der Motive der Geführten aus. Aufbauend auf den Überlegungen von House (1977) leiten
Shamir, House und Arthur (1993) in ihrer Arbeit die Veränderung des Selbstkonzepts des
Mitarbeiters als den zentralen Effekt ab, um die Motivation von Geführten zu erklären.
Die Selbstkonzeptionstheorie zeigt, dass rein extrinsische Einflussfaktoren nicht ausrei-
chend sind, um besondere Leistungen zu erzielen (Felfe, 2005, S. 24–26).

Ein weiteres Modell charismatischer Führung stammt von Conger und Kanungo
(1998), die auf Basis einer komparativen Untersuchung charismatischer und nicht-cha-
rismatischer Führungskräfte eine attributionsbasierte Theorie charismatischer Führung
entwickelten. Charisma wird anhand verschiedener verhaltensbezogener Aspekte der
Führungskräfte charakterisiert. Hierzu gehören bspw. hohe kommunikative Fähigkeiten
und Visionen, Sensibilität für Mitarbeiter und Organisation, Vertrauenswürdigkeit und un-
konventionelle Verhaltensweisen.

Weiterhin soll auf die „New Leadership Ansätze" eingegangen werden, die das neue
Rollenverständnis von Führung vor dem Hintergrund veränderter Rahmenbedingungen
aufzeigen (Felfe, 2005, S. 18–20) und einen wichtigen Ausgangspunkt für die Betrachtung
transaktionaler und transformationaler Führung bilden.

Bereits Zaleznik (1977, S. 70–74) antizipiert mit seiner Differenzierung von „Manager" und „Leader" die Unterscheidung in transaktionale und transformationale Führung.
Wohingegen „Manager" eine geringe persönliche und teilweise passive Haltung zu den
Zielen des Unternehmens haben und etablierte Arbeits- und Lösungsstrategien bevorzu-
gen, sind „Leader" durch ein höheres Maß an Visionen gekennzeichnet, bringen eine höhere Risikoneigung mit und stellen die Mitarbeiterbeziehung stärker in den Mittelpunkt.

Eine ähnliche Auffassung vertreten auch Bennis und Nanus (1985), die ebenfalls „Manager" und „Leader" differenzieren und bereits den Begriff transformationale Führung thematisieren. Manager haben dabei den Fokus auf „Dinge richtig zu tun" (S. 21) und sind technokratisch und funktionsorientiert geprägt. Leader sind gekennzeichnet die „richtigen Dinge zu tun" (S. 21), nutzen emotionale Ressourcen und richten ihren Fokus auf Visionen. Hieraus kann eine dichotome Typologie[2] abgeleitet werden: Der Status quo orientierte Manager steht dem veränderungsorientierten Leader gegenüber (Felfe, 2005, S. 21).

Dieser Argumentation folgt auch Kotter (1996, S. 25–27), der die Begriffe „Management" und „Leadership" unterscheidet. Beide Konzepte bilden eine gemeinsame Grundlage für erfolgreiche Veränderungsprozesse, wobei Kotter den Einfluss von Leadership (70 bis 90 %) für organisatorische Transformation im Vergleich zu Management (10 bis 30 %) wesentlich höher einschätzt.

Grundsätzlich sind die pragmatisch-deskriptiven „New Leadership-Ansätze" nach Felfe (2005, S. 21–22) zwar in die theoretisch differenzierteren und empirisch fundierteren Konzepte der charismatischen und transformationalen Führungstheorien integriert, den Ansätzen kommt aber tendenziell eine „heuristisch und orientierende Bedeutung zu" (S. 22). Insgesamt ist die dichotome Unterscheidung[3] der Führungstypen ein zentraler Ausgangspunkt für die Arbeiten zur transformationalen Führung und dem Modell des „Full Range of Leadership" nach Bass (1985), da sich vor allem in deren Abgrenzung wesentliche Ziele und Handlungsstrategien von Führung ableiten lassen.

3.2   Das Modell des „Full Range of Leadership" nach Bass (1985)

Das „Full Range of Leadership" (FRL) Modell basiert auf den Arbeiten von Burns (1978), der die Grundlagen zu transaktionaler und transformationaler Führung im politischen Bereich entwickelte und systematisierte. Bass (1985) greift dieses Konzept auf und konzipiert, ergänzt um die bestehenden charismatischen und verhaltensorientierten Führungsansätze, das grundlegende FRL-Modell für den Bereich der Wirtschaft bzw. der Führung in Organisationen. Im Vergleich zu Burns (1978) begreift Bass (1985) transformationale und transaktionale Führung nicht als diametral entgegengesetzte Pole, sondern als voneinander unabhängige Dimensionen (Dörr, 2008, S. 12–13; Felfe, 2005, S. 29).

Das FRL besteht aus den in Abb. 3.1 dargestellten Dimensionen transformationaler, transaktionaler und passiver Führung und wird nachfolgend erläutert.

---

[2] Zur Leader-Manager-Differenzierung aus Sicht der Politiktheorie siehe Rigotti (1994).

[3] Für eine Übersicht der Charakteristika transaktionaler und transformationaler Führung siehe Tab. A1

Führungsstil	Führungsverhalten
Transformational	▪ Idealisierter Einfluss / Charisma (attribuiert, behavioral)
	▪ Inspiration
	▪ Intellektuelle Stimulierung
	▪ Individuelle Mitarbeiterorientierung
Transaktional	▪ Bedingte Belohnung
	▪ Management-by-Exception (aktiv)
Passiv	▪ Management-by-Exception (passiv)
	▪ Laissez-faire

Abb. 3.1 Führungsverhalten im FRL-Modell nach Bass und Avolio (1994). (Eigene Darstellung)

3.2.1 Transformationale Führung

Transformationale Führungskräfte sind in der Lage, die Motivation, Werte und Überzeugung der Mitarbeiter zu erkennen und diese im Sinne der Bedürfnispyramide nach Maslow (1954) von einer niedrigeren auf eine höhere Reifestufe zu „transformieren". Durch das Bewusstsein, sich weit über die eigenen Grenzen anzustrengen, können Geführte bessere Leistungen erzielen und ihre bisherigen Ergebnisse übertreffen. Transformationale Führung kann durch Vorbildfunktion darüber hinaus eine Vision für die Mitarbeiter erzeugen, ein erhöhtes Bewusstsein für das Erforderliche aufzeigen, um so die Organisations- und Unternehmenskultur zu verändern (Bass, 1985; 1999).

Transformationale Führung lässt sich nach Bass (1985; 1999) sowie Bass und Avolio (1994) weiter in die sogenannten „Four I's" unterteilen, die nachfolgend skizziert werden.

Unter *idealized influence* (*charisma*) bzw. idealisiertem Einfluss wird die Vorbildfunktion und Glaubwürdigkeit verstanden, mit der die Führungskraft gegenüber den Geführten agiert. Hieraus wachsen ein besonderes Vertrauen und eine hohe Erwartungshaltung auf Seiten der Geführten. Weiter stellt die Führungskraft hohe Ansprüche, die diese jedoch auch selbst gegenüber den Geführten unter Beweis stellen muss (Bass, 1985). Die ursprüngliche Bezeichnung „Charisma" wurde durch Bass (1999) mit „idealisiertem Einfluss" ersetzt, da der erstgenannte Begriff durch negative Assoziationen besetzt ist sowie im Konzept von Bass eine weniger umfassende Bedeutung hat wie bspw. bei House (1977) oder Conger und Kanungo (1998). In neueren Studien wird weiter zwischen attribuiertem und behavioralem idealisierten Einfluss unterschieden (Bass & Riggio, 2006).

Unter *inspirational motivation* bzw. inspirierender Motivation wird verstanden, dass Führungskräfte ein begeisterndes Ziel („Vision") für die Zukunft der Organisation entwickeln, die sie dann an die Geführten vermitteln. Mit diesem Prozess der Sinnstiftung sollen die Geführten ihre eigenen Anstrengungen erhöhen und ihre Erwartungen übertreffen. Die Führungskraft zeichnet dabei ein visionäres Bild, agiert über symbolisches Verhalten und regt Identitätsgefühle der Geführten an. Auf diesem Weg erfährt die Tätigkeit einen größeren Sinn, der Stolz, Ermutigung und Selbstvertrauen hervorrufen soll (Bass, 1985; Bass & Avolio, 1994).

Intellectual stimulation bzw. intellektuelle Stimulierung wird erzeugt, indem Führungskräfte ihre Mitarbeiter zu innovativem und kreativem Denken anregen und bei den Geführten ein Umfeld intellektueller Problemerkennung und -lösung schaffen. Dabei sollen alte Verhaltensmuster überdacht, neue Einsichten vermittelt und neue Bezugsrahmen erstellt werden. Im Rahmen der Problemlösung werden die Geführten ermutigt, innovative Wege zu gehen. So soll dem Geführten ein Gefühl der Wertschätzung entgegengebracht werden, was letztendlich Selbstständigkeit und Kreativität fördert (Bass, 1985).

Individualized consideration bzw. individuelle Behandlung umschreibt die Rücksichtnahme und Wertschätzung als wesentliche Aspekte in der Beziehung zwischen Führungskraft und Geführten. Individuelle Behandlung kann in verschiedenen Ausprägungen auftreten, bspw. Lob und Anerkennung, konstruktive Kritik oder der Betrauung mit individuellen Sonderaufgaben (Bass, 1985; Bass & Avolio, 1994).

Aufgrund der inhaltlichen und konzeptionellen Ähnlichkeit verwenden einige Autoren die Konstrukte transformationale und charismatische Führung synonym, dies ist aus Sicht des theoretischen Konzepts jedoch nicht der Fall. Charisma ist nach Bass (1985) eine wichtige, aber keine ausschließliche Komponente, da es auch charismatische Führungskräfte gibt, die keinen transformationalen Einfluss ausüben (Yukl, 1999, S. 298–299).

3.2.2 Transaktionale Führung

Das transaktionale Führungsmodell postuliert nach Felfe (2005) einen „sozialen Austauschprozess" (S. 30) zwischen Führungskräften und Geführten. Indem der Mitarbeiter sich an Vereinbarungen und Verhaltensregeln hält und den Führungskräften Anerkennung, Respekt und Gehorsam entgegenbringt, bekommt dieser im Zuge einer „Transaktion" eine entsprechende Gegenleistung. Transaktionale Führung folgt dem Prinzip „gegenseitiger Verstärkung" (S. 30), da das rationale Verhalten der Geführten entsprechend positive oder negative Konsequenzen auf Seiten der ebenfalls rational handelnden Führungskräfte zur Folge hat. Im Vergleich zu transformationaler Führung werden weniger Emotionen bei den Geführten erzeugt, da die Parameter auf beiden Seiten bereits feststehen und es sich um einen pragmatischen Austauschprozess handelt. Der Austausch kann für beide Seiten fair, effektiv und zufriedenstellend sein, hat in der Konsequenz aber eine geringere Motivation und Leistung der Geführten zur Folge (Bass, 1999; 1985).

Contingent reward bzw. bedingte Belohnung bezeichnet die leistungsorientierte Belohnung der Geführten im Kontext bestimmter Rollen- und Leistungsanforderungen. Führungskräfte definieren gemeinsam mit den Mitarbeitern die Erwartungen und vereinbaren klare Leistungsziele. Gleichzeitig werden individuelle Belohnungsreize (bspw. Gehalt, Beförderung) kommuniziert, die je nach Erfüllungsgrad erbracht werden (Bass, 1985; Felfe, 2005). Belohnungskontingente gelten als Kernelemente transaktionaler Führung.

Aktives Management-by-Exception (*MBE-A*) bedeutet, dass die Führungskraft Prozesse kontrolliert und in ihrer Funktion als „Monitor" korrigierend eingreift, wenn Fehler
entstehen oder Regeln falsch ausgelegt werden (Bass & Avolio, 1994; Felfe, 2005).

3.2.3 Passive Führung

Bei passiver Führung oder „Nicht-Führung" nehmen Führungskräfte ihre Führungsrolle
nicht wahr (Bass, 1985). Zwei Grundformen existieren: *Passives Management-by-Exception* (*MPE-P*) tritt dann auf, wenn die Führungskraft sich weitestgehend zurückhält und
nur reaktiv im Bedarfsfall eingreift, falls Fehler, größere Probleme oder signifikante Abweichungen auftreten. Bass (1985) charakterisiert dieses Verhalten mit „If it ain't broken,
don't fix it" (S. 122).

Laissez-faire beschreibt die Verweigerung oder Nicht-Führung. Neben operativer In-
effektivität bei der Arbeit verursacht diese Strategie zusätzliche Ineffizienzen, da Entscheidungen nicht getroffen werden (Felfe, 2005, S. 36).

3.2.4 Resümee

Das FRL-Konzept hat den Anspruch, das gesamte Spektrum an Führungsverhalten abzu-
decken. Es wird davon ausgegangen, dass eine Führungskraft grundsätzlich alle poten-
ziellen Führungsvarianten anwendet. Das Modell besteht aus der Häufigkeit wie oft die
jeweilige Führungshandlung auftritt, der Effektivität sowie der Einordnung in aktives und
passives Verhalten. Die Dimensionen können dabei als Kontinuum aufgefasst werden. Es
lassen sich optimale und suboptimale Führungsprofile unterscheiden: Ein optimales Pro-
fil besteht aus einer deutlichen Ausprägung transformationaler Führung, kombiniert mit
weniger stark hervorstechenden Komponenten bedingter Belohnung, einem geringen Maß
an aktivem Management-by-Exception und einem Minimum an passivem Management-
by-Exception und laissez-faire (vgl. Abb. 3.2). Hieraus wird deutlich, dass der optimale
Führungsstil aus einer Kombination von transaktionalen und transformationalen Elementen charakterisiert ist (Bass & Avolio, 1994, S. 4–6; Bass & Riggio, 2006, S. 7–10).

Aus dem Zusammenwirken von transaktionaler und transformationaler Führung kann
auch der sogenannte Augmentationseffekt abgeleitet werden. Dieser besagt, dass transformationale Führung – über die bei der transaktionalen Führung postulierte erwartete
Anstrengung und erwartete Leistung – zu einer extra Anstrengung und demnach zu einer
Leistung über die Erwartungen hinaus führt (Bass, 1985; 1999).

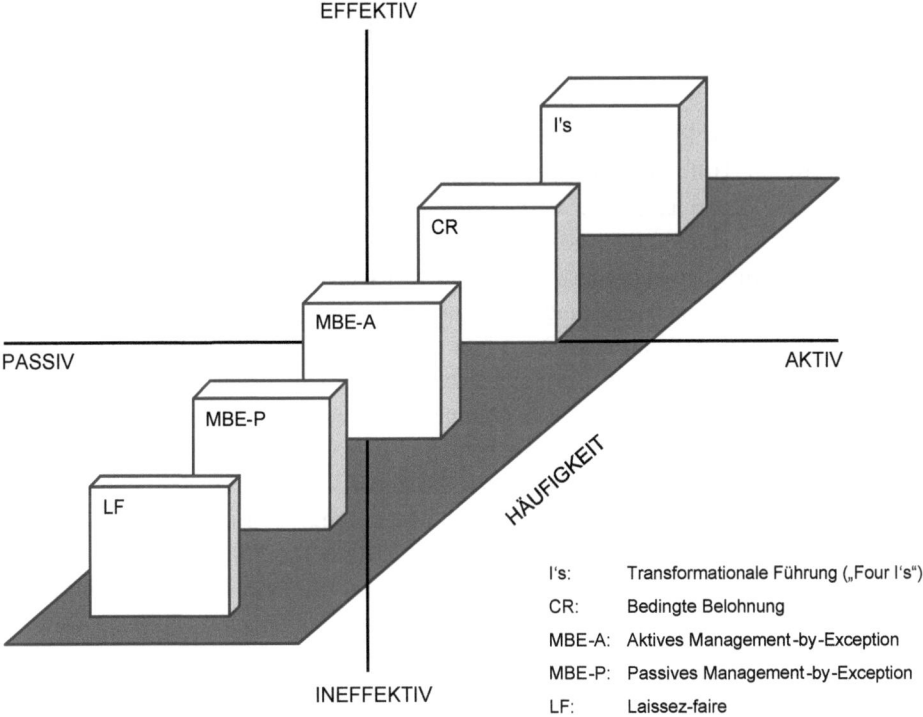

Abb. 3.2 Full Range of Leadership (optimal). (Darstellung übernommen aus Bass und Avolio 1994, S. 5)

3.3   Effekte und Wirkmechanismen von transformationaler Führung

Nach der Vorstellung des Konzepts transformationaler Führung, werden nachfolgend wesentliche Effekte und Wirkmechanismen transformationaler Führung erläutert[4]. Dabei wird auch auf die Herausforderungen von Führung in der Immobilienwirtschaft eingegangen, die bereits in Kap. 2.1 herausgearbeitet wurden. Der Fokus liegt neben allgemeinen Effekten und Wirkmechanismen auf dem Zusammenhang transformationaler Führung im Hinblick auf den Umgang mit Veränderungen sowie Krisen und Wandel.

---

[4] Die nachfolgende Untergliederung bzw. Betrachtung nehmen auch Pundt und Nerdinger (2012) vor.

3.3.1 Allgemeine Effekte und Wirkmechanismen transformationaler Führung

Die Erforschung von Effekten und Wirkmechanismen transformationaler Führung wird üblicherweise mit Hilfe verschiedener Leistungs- und Effektivitätsmaßstäbe vorgenommen. So lassen sich anhand einer umfangreichen Meta-Analyse von Judge und Piccolo (2004) in über 87 Studien hohe Korrelationen (r) zwischen transformationaler Führung und der Effektivität der Führungskraft (.64), Arbeitszufriedenheit (.58) und Motivation (.53) der Mitarbeiter sowie Leistung der Organisation bzw. der Gruppe (.26) feststellen. Eine Metaanalyse von Wang, Oh, Courtright und Colbert (2011) auf der Basis von 113 Studien ergab einen positiven Zusammenhang transformationalen Führungsverhaltens und der Leistung von Individuen (.22), Gruppen (.42) und Organisationen (.19). Weitere Studien nennen einen Beitrag zu Commitment, Selbstwert, Teamzusammenhalt, Produktivität und Kreativität der Gruppe, zur finanziellen Entwicklung der Organisation sowie im Kontext von Marktanteil, Innovationskraft, Kundenzufriedenheit und Standortsicherheit (Bass & Riggio, 2006; Felfe, 2005; Sosik & Jung, 2010; Felfe, 2006).

Vor diesem Hintergrund kann die Wirkung transformationaler Führung dahingehend begründet werden, dass Mitarbeiter im Rahmen transformationaler Führung zentrale Grundsätze der Führungskraft adaptieren und verinnerlichen. Wie bereits dargestellt, verkörpert eine transformationale Führungskraft einen Wertekanon und versucht, Mitarbeiter für diesen zu motivieren und zu überzeugen. Der Transformationsprozess wirkt dabei sinnstiftend und führt zu einer gesteigerten intrinsischen Motivation und einem emotionalen Halt zwischen Mitarbeiter und Organisation (Pundt & Nerdinger, 2012, S. 35).

Transformationale Führung trägt Anteil an einer veränderten Wahrnehmung der Situation (Gebert, 2002). Schon Burns (1978) führt aus, dass die Führungskraft durch das Aufzeigen einer Vision, den Geführten einen Gegenpol zum Status quo aufzeigt. Hierbei werden die Mitarbeiter im Rahmen geistiger Anregung stimuliert, neue Ideen zu entwickeln, Standards zu hinterfragen und Vorschläge zu unterbreiten (Bass, 1985). Diese transformationale Verhaltensweise der Führungskraft überträgt sich auf die Bereitschaft der Mitarbeiter, sich ihrerseits in Veränderungsprozesse einzubringen und individuelle Ideen und Verbesserungsvorschläge zu entwickeln (Pundt & Schyns, 2005).

Transformationale Führung wirkt sich auch positiv auf Persönlichkeitsmerkmale[5] aus. Ausgangspunkt der Betrachtung sind die Hauptdimensionen der Persönlichkeit („Big-Five"). Hierbei handelt es sich um Neurotizismus, Extraversion, Offenheit für Erfahrungen, Verträglichkeit und Gewissenhaftigkeit. Diese wurden in etlichen Metaanalysen verschiedensten Erfolgsmaßen gegenübergestellt, aus denen deutliche Zusammenhänge zwischen Leistungs- und Persönlichkeitsmerkmalen abgeleitet werden konnten (Felfe, 2005, S. 69–71). Untersuchungen von Bono und Judge (2004) zeigen bspw. eine positive

---

[5] Eine Übersicht weiterer Studien, welche die Persönlichkeitsmerkmale transformationaler und charismatischer Führungskräfte über die Big-Five hinaus thematisieren, findet sich bei Felfe (2005, S. 80–81).

Korrelation zwischen den Dimensionen transformationaler Führung und den Faktoren Extraversion (.14 bis .24) und Verträglichkeit (.21 bis .28).

Im Hinblick auf soziale Kompetenz und transformationalen Führungsstil lassen sich Zusammenhänge mit Humor (Avolio, Howell, & Sosik, 1999), Überzeugungskraft und Einfühlungsvermögen (Southwick, 1998), Offenheit, Ungezwungenheit, Freimütigkeit (Klauss & Bass, 1982) und Geselligkeit (Bass & Avolio, 1994) ableiten. Eine Reihe von Studien beschäftigt sich darüber hinaus mit der Ausprägung emotionaler Kompetenz transformationaler Führungskräfte (Bass & Bass, 2008, S. 636).

Zusammenfassend existieren zahlreiche empirische Belege, welche den breiten Wirkungsradius transformationaler Führung aufzeigen und den Zusammenhang auf verschiedene Kriterien von Führungserfolg bestätigen (Felfe, 2005, S. 126). Vor diesem Hintergrund erscheint das Konzept transformationaler Führung auch für die Immobilienwirtschaft von allgemein praktischer Relevanz zu sein.

3.3.2 Transformationale Führung im Kontext von Veränderungen

Es wurde bereits dargelegt, dass sich die Immobilienwirtschaft in einem Umfeld bewegt, welches von Komplexität und Veränderungen geprägt ist. Hieraus resultiert die Notwendigkeit, Mitarbeiter an die Organisation zu binden, kollektive Ziele zu vermitteln, Orientierung und Halt zu geben sowie diese auf anstehende Veränderungen vorzubereiten.

Ausgehend von Bass und Bass (2008, S. 720–721) kann zunächst angenommen werden, dass sich transaktionale Führung in erster Linie in stabilen Marktwirtschaften wiederfindet, deren Umfeld eher auf Belohnungskontingente ausgerichtetes Führungsverhalten ermöglicht und in dem langfristige, stabile Planungsgrößen bzw. Ressourcen vorherrschen. Betrachtet man hingegen transformationale Führung, tritt diese vorrangig in Unternehmen auf, in denen schnelle Veränderungen auftreten und Unsicherheit vorherrscht. In diesem Kontext untersuchen eine Reihe von Studien den Einfluss transformationaler Führung auf Veränderungsbereitschaft, Innovationen oder im Zusammenhang mit Krisen (Pundt & Nerdinger, 2012, S. 34).

Nach Gebert (2002, S. 208) liegt ein zentraler Aspekt transformationaler Führung in deren visionärem Charakter. Hieraus ergibt sich für die Mitarbeiter ein positives Bild der Zukunft, welches vom Status quo abweicht und den Veränderungsbedarf aufgezeigt. Bei den Mitarbeitern wird das Gefühl erzeugt, an Veränderungen aktiv teilzunehmen und diese durch Ideen und Verbesserungsvorschläge mitzugestalten (Pundt & Schyns, 2005).

Weiter lässt sich feststellen, dass transformationale Führung Innovationen begünstigt, insofern Mitarbeiter den Veränderungsbedarf und die Veränderungsfähigkeit wahrnehmen (Gebert, 2002, S. 219). Einen positiven Effekt zwischen innovativem Verhalten, gemessen anhand innerbetrieblicher Verbesserungsvorschläge („improvement-oriented voice") und transformationaler Führung zeigt etwa die Studie von Detert und Burris (2007). Der Zusammenhang von transformationaler Führung und Veränderungsbereitschaft wurde ebenfalls untersucht. Während Bommer, Rich und Rubin (2005) in einer Längsschnittstudie eine Verringerung des organisationalen Veränderungszynismus auf Seiten der Geführten fanden, konnten auch Rubin, Dierdorff, Bommer und Baldwin (2009) die Transformation von Veränderungsbereitschaft der Führungskräfte auf die Mitarbeiter feststellen.

Im Ergebnis könnte transformationale Führung, auch in einem von Veränderung und Dynamik geprägten Umfeld wie der Immobilienwirtschaft, einen positiven Beitrag zum Führungserfolg leisten.

3.3.3 Transformationale Führung im Kontext von Krise und Wandel

Die Immobilienwirtschaft wurde als reaktive Branche skizziert, in der sich Wirtschafts- und Finanzzyklen spiegeln und die in verschiedene Megatrends eingebunden ist. Diese externen Bedingungen können zu steigender Dynamik, umfassendem Wandel oder auch Krisensituationen führen, in deren Kontext Mitarbeiter auf Entscheidungen mit Verunsicherung, Stress oder Widerstand reagieren können.

Auf den positiven Zusammenhang transformationaler Führung bei Krise, Stress und Wandel weisen etwa Bass und Riggio (2006, S. 65–80) hin. Transformationale Führung zeigt vor allem in einem dynamischen und von Veränderungen geprägten Umfeld eine signifikantere Wirkung als in einem stabilen Kontext. So lässt sich transaktionale Führung tendenziell in Organisationen finden, die durch ein gut strukturiertes Umfeld mit klaren Richtlinien, Anweisungen und Normen geprägt sind und in denen sich wirtschaftliche und soziale Aspekte grundsätzlich zufriedenstellend für Mitarbeiter und Führungskräfte darstellen. Generell tritt transformationales Verhalten primär in organisch geprägten Organisationsstrukturen auf, während mechanische Organisationen transaktionales Verhalten unterstützen. Auch Pillai und Meindl (1998) bestätigen, dass sich dezentrale bzw. unbürokratische Organisationsstrukturen positiv auf die Effektivität transformationaler Führung auswirken.

In einer von Krise und Wandel geprägten organisationalen Umgebung befinden sich Mitarbeiter nach Pundt und Nerdinger (2012) häufig in einer für sie „schwachen Situation" (S. 38). Nach Mischel (1977), der in starke und schwache psychologische Situationen unterscheidet, zeichnen sich schwache Situationen durch fehlende Klarheit, Unsicherheit und mangelnde Hinweise für die Mitarbeiter aus. Mischel führt weiter aus, dass sich insbesondere in einer schwachen Situation die Persönlichkeitseigenschaften Dritter sehr einflussreich auswirken können, was nach Shamir und Howell (1999, S. 264) der Führungskraft eine Chance für ein transformationales Führungsverhalten bietet.

Positive Effekte transformationaler Führung im Kontext von Wandel zeigen Nemanich und Keller (2007). Die Autoren konnten im Zuge einer Unternehmensfusion eine positive Wirkung im Zusammenhang mit deren Akzeptanz sowie der Mitarbeiterleistung (ex post/ ex ante) nachweisen. Zur Vervollständigung soll auch auf transformationale Führung im Hinblick auf das Entwicklungsstadium bzw. den Reifegrad einer Organisation verwiesen werden. So begünstigen von Dynamik und Wandel geprägte Gründungs- oder Umbruchsphasen charismatische Führung (Steyrer, 1995, S. 345).

Im Ergebnis kann konstatiert werden, dass transformationale Führung in einem unsteten und von Wandel geprägten Umfeld effektiv wahrgenommen wird. Dies legt den Schluss nahe, dass transformationale Führung auch in der heterogenen und dynamischen Immobilienwirtschaft ein geeignetes Führungsmodell sein könnte.

3.4 Unternehmenskultur als Gradmesser transformationaler Führung

3.4.1 Hinführung

In Kap. 3 wurden bisher die konzeptionellen Grundlagen von transformationaler Führung gelegt und die Effekte und Wirkmechanismen, auch unter Berücksichtigung der Charakteristika in der Immobilienwirtschaft, beschrieben. Die einzelnen Perspektiven auf transformationale Führung können dabei zwar eine Vielzahl von Einflussfaktoren, Wirkungsweisen und Effekte erklären, bilden jedoch keine einheitliche Betrachtungsebene, von der transformationale Führung auf Ebene einer Organisation betrachtet werden kann. Eine Möglichkeit, Ausprägungen von Führung wie Philosophie, Zweck, Funktion und Struktur einer Organisation zu greifen, ist die Subsumierung unter den Aspekt der Unternehmens- bzw. Organisationskultur (Bass & Bass, 2008, S. 746–755). Vor diesem Hintergrund soll die Betrachtung von Führung auf die Ebene der Unternehmenskultur erweitert werden.

3.4.2 Transformationale Führung und Unternehmenskultur

Unter dem Begriff Kultur versteht Thomas (2005, S. 33) ein Orientierungssystem, an dem sich eine Gesellschaft, Nation, Organisation oder Gruppe ausrichtet und welches aus einer bestimmten Symbolik (bspw. Sprache, Gestik, Mimik, Kleidung etc.) gebildet und an die nächste Generation weitergegeben wird. Eine Kultur bietet ihren Mitgliedern eine Grundkonstante in Bezug auf kulturspezifische Handlungen, Prozesse oder Verhaltensweisen und vermittelt verbindliche Regeln und Normen.

In der Analyse von Organisations- oder Unternehmenskultur[6] findet nach wie vor das von Schein (1985) begründete Drei-Ebenen-Modell Anwendung (Thomas, 2005, S. 37), der Unternehmenskultur definiert als „ein Muster gemeinsamer Grundannahmen, welches die Gruppe bei der Bewältigung ihrer Probleme externer Anpassung und interner Integration erlernt hat, das sich bewährt hat und somit als bindend gilt, und das daher an

---

[6] Die Begriffe werden meist synonym verwendet, wobei Organisationskultur weiter definiert ist. In der Managementliteratur wird überwiegend der Begriff Unternehmenskultur gebraucht, dieser soll vor dem Hintergrund der vorliegenden Untersuchung nachfolgend Verwendung finden (Nerdinger, 2011b; Tuppinger, 2003).

neue Mitglieder als rational und emotional korrekter Ansatz für den Umgang mit diesen Problemen weitergegeben wird" (S. 25).

Nach dem Drei-Ebenen-Modell lassen sich zunächst a) materielle und immaterielle Artefakte identifizieren (bspw. Verhaltensmuster, Produkte etc.), die zwar leicht sichtbar sind, sich allerdings als interpretationsbedürftig erweisen. Eine Ebene darunter liegen die b) gemeinsamen Werte, die das Verhalten der Organisationsmitglieder stärker beeinflussen als die Artefakte und die für Externe weniger leicht zugänglich sind (bspw. Loyalität, Kollegialität etc.). Das Fundament des unternehmensbezogenen Kultursystems bilden die c) Grundannahmen, die das kollektive Bewusstsein der Mitglieder der Organisation stützen sowie maßgeblich die Denk- und Handlungsweisen der Mitglieder beeinflussen.

Zwischen Führung und Unternehmenskultur bestehen vielfältige Zusammenhänge, die in der empirischen Forschung als weitgehend gesichert gelten (Parry & Proctor-Thomson, 2001). Nach Schein (1985) ist Führung wesentlich für die Schaffung und Erhaltung der Unternehmenskultur und es herrscht ein dauerhaftes Wechselspiel zwischen Unternehmenskultur und Führung. Die Unternehmenskultur wird dabei primär durch das Führungsverhalten geprägt und umgekehrt. Führungskräfte schaffen nicht nur eine Unternehmenskultur, sondern agieren darüber hinaus auch als Kulturvermittler (Kouzes & Posner, 1987). So gelten Führungskräfte als wesentlicher Faktor, inwiefern Veränderungen der Unternehmenskultur erfolgreich sind oder nicht (Kotter & Heskett, 1992).

Führung wirkt sich auch auf das Unternehmensklima aus. Dieses unterscheidet sich von der Unternehmenskultur dahingehend, dass es überdauernde Eigenschaften des Arbeitsumfelds umfasst, welche durch die Mitglieder der Organisation wahrgenommen, beschrieben und beeinflusst werden können (Rosenstiel, 2007, S. 382). Führungskräfte beeinflussen das Klima durch ihr Verhalten und ihre Entscheidungen, bspw. durch die Kommunikation der Unternehmensziele (Bass & Bass, 2008, S. 749–753).

Für die weitere Betrachtung soll personale Führung nicht dyadisch bzw. auf Gruppenebene betrachtet, sondern auf das gesamte Unternehmen erweitert werden (Avolio & Bass, 1995). Hierzu wird der Begriff „Führungskultur" eingeführt, der sich auf vorhandene Gemeinsamkeiten aller Führungskräfte einer Organisation im Hinblick auf Verhalten, Gewohnheiten und Annahmen bezieht. Der sichtbare Teil von Führungskultur erfasst dabei verwendete Prozesse, Strukturen und Instrumente, der nicht sichtbare Teil deren implizierte Autoritätskonzepte, Werte und Ausprägungen (Grilz, 2011, S. 5).

Führungs- und Unternehmenskultur bedingen sich dabei gegenseitig und stehen im engen Verhältnis. Führungskräfte prägen durch ihre führungsbezogene Denk- und Wertevorstellungen ihr unmittelbares Umfeld. Demgegenüber beeinflusst die Kultur eines Unternehmens das Führungsverhalten aufgrund gewachsener Strukturen, etablierter Handlungsweisen und gelebter Glaubenssätze (Heidbrink & Jenewein, 2011, S. 7–8).

Vor diesem Hintergrund erweitern auch Bass und Avolio (1992; 1993) das Konstrukt transformationaler und transaktionaler Führung auf die gesamte Organisation und unterscheiden transformationale von transaktionaler Führungs- bzw. Unternehmenskultur.

3.4.3 Messbarkeit von transformationaler Führungs- und Unternehmenskultur

Die Untersuchung von Unternehmenskultur hat ihren Ursprung in den 80er Jahren und wurde maßgeblich durch die Studien von Kotter und Heskett (1992) forciert, in denen erstmalig die Relation zwischen der Kultur einer Organisation und deren Erfolgsfaktoren umfassend untersucht wurden. So stellten die Autoren fest, dass starke[7] Unternehmenskulturen („Adaptive Cultures") ihren Wettbewerbern überlegen sind und diese in puncto Umsatz, Börsenwert, Reineinkommen und Mitarbeiteranzahl deutlich übertreffen konnten. Auch Denison (1990) fand empirische Belege für den Zusammenhang zwischen Unternehmenskultur und Erfolg hinsichtlich der Dimensionen Involvement, Kontinuität, Anpassungsfähigkeit und Mission.

Für die Messung von Kultur existiert eine Reihe von Instrumenten[8], bei denen anhand verschiedener Indikatoren, Aussagen hinsichtlich der Unternehmenskultur gemacht werden können. Die genannten Instrumente bedienen sich dabei verschiedenster Dimensionen zur Erfassung bzw. Operationalisierung der Unternehmenskultur in Bezug auf Erfolgsfaktoren, die mittels unterschiedlicher Kulturindikatoren und im Unternehmenskontext durchgeführt wurden. Eine Systematisierung der Dimensionen, die mit Erfolgsfaktoren zur Messung der Unternehmenskultur korrelieren, nimmt Sackmann (2006) vor.

Während die genannten Messinstrumente über eine Vielzahl von Dimensionen die Unternehmenskultur zu erfassen versuchen und die Dimension Führung hierbei implizit als auch explizit berücksichtigt wird, haben Bass und Avolio (1992; 1993) mit dem „Organizational Description Questionnaire" (ODQ) ein Fragebogeninstrument[9] zur Erfassung organisationaler Führungskultur entwickelt. Der ODQ steht dabei konzeptionell in einem engen Verhältnis zu dem zeitgleich von Bass und Avolio (1990) entwickelten „Multifactor Leadership Questionnaire" (MLQ), der im Speziellen für die Messung des individuell-personenbezogenen transformationalen Führungsverhaltens konzipiert wurde (Heidbrink & Jenewein, 2011, S. 12) und das FRL-Modell in Frageform operationalisiert.

---

[7] Als stark oder ausgeprägt kann eine Unternehmenskultur bezeichnet werden, die von der Mehrheit der Mitarbeiter getragen wird und damit konsistent ist (Baetge, 2006, S. 20).

[8] Zu den verbreitetsten Instrumenten gehören das Organizational Culture Inventory (OCI) von Cooke und Lafferty (1983), der Organizational Culture Questionnaire (OCQ) von Sackmann (1991), das Organizational Culture Profile (OCP) von O'Reilly, Chatman und Caldwell (1991) oder der Kriterienkatalog von Hofstede, Neuijen, Ohayv und Sanders (1990) (Heidbrink & Jenewein, 2011, S. 12).

[9] Der Fragebogen ist urheberrechtlich geschützt und darf nicht komplett bzw. nur auszugsweise dargestellt werden. Aus diesem Grund konnten im Anhang nur fünf Fragen exemplarisch aufgeführt werden. Der Fragebogen kann unter www.mindgarden.com bezogen werden (siehe Abb. A1 und Tab. A2).

3.4.4   Der „Organizational Description Questionnaire" und die Kultur-Prototypen nach Bass und Avolio (1992)

Der ODQ besteht aus 28 Fragen, die jeweils zu gleichen Teilen transaktionales bzw. transformationales Führungsverhalten messen. Bass und Avolio (1993, S. 116–118) führen hierzu aus, dass die Ausprägung der Kultur eines Unternehmens anhand ebendieser Kulturdimensionen beschrieben werden kann. Eine *transformationale Unternehmenskultur* ist demnach von Mitarbeitern geprägt, die sich klar mit den Zielen und Visionen des Unternehmens identifizieren und deren Commitment zum Unternehmen langfristig und kooperativ ausgerichtet ist. Die *transaktionale Dimension* ist primär von einem Austauschprinzip wechselseitiger Leistungen gekennzeichnet, die sich durch alle Strukturen, Systeme, Beziehungen und Verhaltensweisen ziehen. In einer transaktionalen Kultur hat alles einen Preis; die gelebten Werte, Annahmen und Normen fokussieren sich insbesondere auf Leistung und Gegenleistung.

Die Fragen des ODQ repräsentieren Führungsverhalten nicht explizit, sondern beschreiben das vorherrschende Milieu der Unternehmenskultur. Der ODQ ist dahingehend aufgebaut, dass er Verhaltensweisen, Situationen, Stimmungen, Werte, Praktiken und innerbetriebliche Standards einer Organisation in Frageform operationalisiert, die entweder auf eine transaktionale oder eine transformationale Kultur hindeuten (Bass & Avolio, 1992).

Nach der Beantwortung der Fragen von den Mitgliedern der Organisation, ergibt sich sowohl für die transaktionale als auch transformationale Ausprägung ein Score (siehe Abb. 3.3), dessen verschiedene Stufen auf einer Matrix („Kultur-Grid") dargestellt werden können. Dabei wird auf der Horizontalen der Grad an transaktionaler bzw. auf der Vertikalen der an transformationaler Kultur abgetragen. Auf dieser Basis haben Bass und Avolio (1992) neun Kultur-Prototypen entwickelt, die nachfolgend beschrieben werden.

	Transaktional		
	-14 bis -6	-5 bis +5	+6 bis +14
Transformational +6 bis +14	• Predominately 4 I's	• Moderated 4 I's	• High-Contrast
-5 bis +5	• Loosely guided	• Coasting	• Moderately Bureaucratic / Contractual
-14 bis +14	• Garbage Can	• Pedestrian	• Predominately Bureaucratic / Contractual

Abb. 3.3 Kultur-Prototypen nach dem ODQ. (Darstellung übernommen aus Bass und Avolio 1992, S. 19; 1993, S. 117)

In Organisationen mit überwiegend transformationalem Führungsverhalten („*predo-minately 4 I's*") herrscht eine von Visionen und Idealen geprägte Atmosphäre, in der sich die Beteiligten stark mit ihrer Organisation identifizieren. Diese lebt von flachen Hierarchien, dynamisch dezentralen Strukturen und flexiblen Entscheidungswegen. Aufgrund des Mangels an transaktionalem Führungsverhalten existieren jedoch wenige Routinen, Prozesse sind nicht genügend definiert und die Erwartungshaltung an Externe wird nicht klar kommuniziert. Demgegenüber bietet eine moderate transformationale Organisation („*moderated 4 I's*") ein höheres Maß an transaktionalen Aspekten, was sich in wiederkehrenden Standards, festen Verantwortlichkeiten, Kontrollmechanismen und festen Kommunikationswege widerspiegelt. Hierdurch lassen sich die aufgeführten Nachteile rein transformationaler Organisationen kompensieren, was sich in einer höheren Effizienz niederschlägt. Die Analyse legt nahe, dass eine stark ausgeprägte transformationale Kultur, durch die Ergänzung transaktionaler Führungselemente, ihre volle Leistungsfähigkeit entfalten kann (Bass & Avolio, 1992; 1993; Heidbrink & Jenewein, 2011).

Die „*High-Contrast*" Organisation vereint sowohl eine maximale Ausprägung transaktionaler als auch transformationaler Attribute. Hieraus ergibt sich ein Zielkonflikt, der in einer teilweisen Neutralisierung der positiven Aspekte transformationaler mit denen transaktionaler Charakteristika einhergeht (Bass & Avolio, 1992; 1993).

Als „*Loosely guided*" charakterisieren Bass und Avolio (1992) eine Organisation, in der die Beteiligten in erster Linie unabhängig voneinander agieren und sich eine zumindest temporäre Zusammenarbeit meist auf informelle Führung stützt. Der formale Aufbau ist unstrukturiert, es existiert nur ein Mindestmaß an formalen Absprachen.

Die „*Coasting*"-Kultur ist weder stark transformational noch transaktional zu charakterisieren, das Verhältnis von Fremd- und Eigenbestimmung ist ausgeglichen. Die Organisation verharrt insgesamt auf ihrem Status quo, was sich durch moderates Führungsverhalten ausdrückt. Möglichkeiten der Organisation bleiben ungenutzt, man hat sich mit der Beibehaltung der aktuellen Position arrangiert (Bass & Avolio, 1992; 1993).

In Organisationen mit überwiegend („*predominately*") oder moderat („*moderately*") transaktionaler Führung mangelt es an transformationalem Führungsverhalten. Das Interesse des Individuums steht über dem des Kollektivs, kurzfristige Ziele dominieren. Die Organisation ist formalistisch geprägt und widmet sich internen Strukturen, Hierarchien und Prozessen. Über Ressourcen wird wie auf einem „Marktplatz" verhandelt, wobei sich allgemeinen „Spielregeln" unterworfen wird. Mitarbeiter haben wenige Entscheidungsfreiheiten und werden durch Führungskräfte kontrolliert. Je stärker transaktionale Elemente überwiegen, desto weniger fallen die Belange Einzelner ins Gewicht und desto geringer ist die Ausrichtung an Visionen (Bass & Avolio, 1992; 1993).

„*Garbage Can*" Organisationen zeichnen sich durch einen sehr geringen Anteil an transaktionalem und transformationalem Verhalten aus. In dieser Kulturform mangelt es an Strukturen, Zielvorgaben, Verhaltensweisen und Regeln (Bass & Avolio, 1992; 1993), was Cohen, March und Olsen (1972) als „organized anarchies" (S. 1) beschreiben.

In einer „*Pedestrian*" Organisation herrschen fast keine transformationalen Elemente, die Struktur ist vornehmlich mechanistisch geprägt. Die Ausrichtung erfolgt an Routinen,

Anweisungen und Regeln. Führungskräfte gewähren wenige Entscheidungsspielräume, Risiken werden vermieden und Veränderungen bilden die Ausnahme (Bass & Avolio, 1992).

Der ODQ und die beschriebenen Dimensionen sollen Ausgangspunkt der Untersuchung von Führungskultur in der Immobilienwirtschaft in Kap. 4.4 sein.

3.4.5   Diskriminierungsfaktoren zur Messung der Unternehmenskultur nach Heidbrink und Jenewein (2011)

In ihrer Arbeit über die Messung von Hochleistungskulturen greifen Heidbrink und Jenewein (2011) das Konzept des ODQ auf und entwickeln ein eigenes Modell von Kulturtypen sowie mit dem HPO-Analyzer[10] (Heidbrink & Brenner, 2013) ein eigenes Befragungsinstrument. Zur Bestimmung der Unternehmenskultur führen die Autoren zudem zehn Diskriminierungsfaktoren („Stellhebel") ein, anhand derer ein Kontinuum an transaktionalen und transformationalen Kulturelementen wie auf einer Art „Mischpult" charakterisiert werden kann. Die Faktoren werden im weiteren Verlauf zur Analyse der Führungs- und Unternehmenskultur berücksichtigt und daher nachfolgend skizziert.

Der *Zweck einer Organisation* gibt Rückschlüsse auf den Unternehmensgegenstand und wie dieser von den Mitarbeitern wahrgenommen wird. Ein transformationales Unternehmen vermittelt eine optimistische Sicht auf die Zukunft und die gemeinsame Erreichung von (nicht ausschließlich monetären) Zielen. Ein transaktionaler Zweck ist Shareholder Value getrieben und erzeugt eine geringe Bindung und Identifikation der Mitarbeiter (Heidbrink & Jenewein, 2011, S. 55). Studien belegen, dass erfolgreiche Unternehmen einen eindeutigen Unternehmenszweck haben und deren Identität bzw. Mission bekannt ist und kommuniziert wird (Sackmann, 2006, S. 8).

Die *Organisationsstruktur* eines Unternehmens zeigt sich in der Ausgestaltung der Aufbau- und Ablauforganisation. Während transaktionale Strukturen von klaren Hierarchien, Organigrammen und klaren Reportingstrukturen geprägt sind, ergibt sich in transformationalen Organisationen die formale Zuordnung aus Aufgabe und Kompetenz des Mitarbeiters und ist flexibel sowie projektorientiert (Heidbrink & Jenewein, 2011, S. 57–58).

Transaktionale Kulturen treffen *Entscheidungen* top-down, Mitarbeiter können nur innerhalb festgelegter Kompetenzen entscheiden und Informationen werden von Stäben zu Lasten interner Experten vorbereitet. Innovationen werden nur im Rahmen formalisierter Prozesse in die Organisation eingebracht. In transformationalen Kulturen werden Entscheidungen hierarchieunabhängig getroffen. Eigeninitiative wird begrüßt, was das Commitment der Mitarbeiter erhöht (Heidbrink & Jenewein, 2011, S. 59–60).

Transformationale Unternehmenskulturen sind durch Veränderung, Flexibilität und Wandel geprägt, denen Mitarbeiter aufgeschlossen gegenüberstehen. Veränderungspro-

---

[10] Die vorliegende Befragung wurde nicht anhand des High Performance Organisation (HPO)-Analyzers durchgeführt, da das Instrument erst im Jahr 2012 entwickelt wurde und bisher keine umfassenden Studien vorliegen. Darüber hinaus erfordert das Beantworten von 50 Fragen mit einer Skala von 1 („trifft nicht zu") bis 4 („trifft zu"), im Vergleich zum ODQ, einen wesentlich höheren Zeitaufwand für die Teilnehmer.

zesse haben generell die Optimierung der *Dynamik der Organisation* zum Gegenstand. Mitarbeiter in transaktionalen Unternehmen sind von Dynamik tendenziell verunsichert und wollen den Ist-Zustand bewahren (Heidbrink & Jenewein, 2011, S. 61–62).

In einer transformationalen Kultur werden *Riten und Legenden* über vergangene Erfolge ausgetauscht, die das kollektive Gefühl stärken. Legenden transaktionaler Unternehmen stellen eher Einzelleistungen in den Vordergrund (Heidbrink & Jenewein, 2011, S. 63).

Transformationale Unternehmen gewähren individuelle Freiheit. In transaktionalen Unternehmen geht der Grad der Formalisierung zu Lasten der *Arbeitsautonomie*. Die Mitarbeiter haben klare Positionen im Leistungsprozess, Initiativen sind abzustimmen bzw. in der Tendenz unerwünscht (Heidbrink & Jenewein, 2011, S. 65).

Wenig *Kontrolle*, ein hohes Maß an *Vertrauen* und ein konstruktiver Umgang mit Fehlern spielen eine große Rolle in transformationalen Kulturen. Den Gegenpol bilden Organisationen mit detaillierten Leistungsvorgaben, Monitoring und entsprechenden Sanktionsmechanismen (Heidbrink & Jenewein, 2011, S. 67–69).

Transaktionale Unternehmenskulturen begreifen das *interne Miteinander* als reinen Austauschprozess, individuelle Interessen stehen im Vordergrund. Den Gegensatz bilden Unternehmen, bei denen der gemeinsame Zweck im Fokus steht und Ziele solidarisch erreicht werden (Heidbrink & Jenewein, 2011, S. 70–71).

Das Interesse des *Individuums* dominiert in transaktionalen Unternehmen. Die Organisationsmitglieder versuchen Regeln zu ihren Gunsten auszulegen, die Vorteilsnahme Einzelner wird durch das Vergütungssystem gefördert. Transformationale Unternehmen legen hingegen Wert auf *kollektiven* Austausch (Heidbrink & Jenewein, 2011, S. 72–74).

Den letzten Diskriminierungsfaktor bildet der transaktionale und transformationale *Führungsstil*, der in Kap. 3.2 bereits umfassend beschrieben wurde.

Im Hauptteil der Arbeit bilden die vorgestellten Diskriminierungsfaktoren, neben dem ODQ, ein weiteres Untersuchungsinstrument. Hintergrund hierfür ist, dass der ODQ zwar eine Analyse im Hinblick auf transaktionales oder transformationales Führungsverhalten bietet, die Klassifizierung anhand von Kulturdimensionen jedoch auch konkrete Unterscheidungsmerkmale ermöglicht. Zu diesem Zweck wurden die 28 Fragen des ODQ den zehn Diskriminierungsfaktoren intuitiv-logisch bzw. heuristisch zugeordnet (Tab. A4).

3.5   Stand der Forschung zu transformationaler Führung und Führungskultur

Neocharismatische Führungsansätze und das FRL-Modell sind Gegenstand einer nahezu unüberschaubaren Anzahl theoretischer und empirischer Arbeiten. Eine umfassende Darstellung im Rahmen der Arbeit ist daher nicht möglich. Nach Yukl (2013, S. 26) lassen sich die Forschungsschwerpunkte anhand unterschiedlicher methodischer Untersuchungsdesigns unterscheiden. Diese reichen von Archivstudien, qualitativen Untersuchungen, intensiven Einzelfallstudien, längsschnittlichen Beobachtungs- und Befragungsstudien, Feldstudien mit standardisierten Befragungen bis zu experimentellen Studien.

Aufgrund des Umfangs an empirischen Arbeiten und der Komplexität unterschiedlicher Forschungsrichtungen, werden nachfolgend ausgewählte Aspekte zum Forschungsstand dargelegt, die eine Relevanz für den Gegenstand der vorliegenden Arbeit haben. Hierzu gehören 1.) Erfolgskriterien, mediierende Prozesse und der Kontext transformationaler Führung, auch hinsichtlich von 2.) Organisationen, Branchen und Länder, 3.) der Zusammenhang zwischen Unternehmenskultur und -erfolg sowie ein 4.) Verweis auf Untersuchungen transformationaler Führung in der Immobilienwirtschaft.

1. Eine große Anzahl von Forschungsarbeiten befasst sich zum einen mit der Erfassung transformationaler Führung und der Entwicklung alternativer Messinstrumente zu dem weit verbreiteten MLQ und zum anderen mit den Zusammenhängen zwischen transformationaler Führung und verschiedenen subjektiven (vgl. Kap. 3.3.1) und objektiven (bspw. Zielerreichung, Gründungserfolg, Patente) Erfolgskriterien. Weiterhin werden die Moderatoren sowie Mediatoren der Erfolgswirkung und die Bedingungen untersucht, wie transformationale Führung zu Erfolgskriterien beiträgt. Jüngste Studien zeigen, dass der Zusammenhang zwischen transformationaler Führung und Commitment mit der Entwicklung von Autonomie und Kompetenz der Mitarbeiter, Identifikationsförderung, individueller Sympathie oder einer höheren Gruppenkohäsion mediiert wird (Felfe, 2006, S. 166–168).
   Weitere Schwerpunkte liegen in der Untersuchung systematischer Kontexteinflüsse wie Dynamik, Unsicherheit oder Krisen, die in Kap. 3.3.2 und 3.3.3 bereits angesprochen wurden. Darüber hinaus sind Persönlichkeitsmerkmale von Führungskräften und Geführten Gegenstand von Untersuchungen. Zahlreiche Studien konstatieren transformationalen Führungskräften bspw. Selbstbewusstsein, emotionale Stabilität, Proaktivität oder soziale Kompetenz (Felfe, 2005, S. 80–81). Untersuchungen werden auch aus der Perspektive der Mitarbeiter geführt und greifen die von Weber (1921/1980) postulierte Wahrnehmung von Charisma durch die Geführten auf. Gemäß der Ähnlichkeitshypothese, die mittels empirischer Studien gestützt wird, verhalten sich Geführte mit transformationalen Persönlichkeitsmerkmalen tendenziell ebensolchen Führungskräften (Bono & Judge, 2004) positiv gegenüber und nehmen deren Führungsstil verstärkt war. Insgesamt existieren jedoch keine Anhaltspunkte, dass insbesondere unsichere oder abhängige Geführte eine besondere Neigung zu transformationalen Führungskräften haben (Felfe, 2005, S. 124).
2. Effekte transformationaler Führung konnten bereits in verschiedensten Organisationen, Branchen und Ländern bzw. Kulturkreisen festgestellt werden. Positive Zusammenhänge zwischen transformationaler Führung und Leistung finden sich nicht nur in amerikanischen Unternehmen, sondern bspw. auch in Russland, Indien, China, Korea, Japan, Taiwan, Neuseeland sowie im deutschsprachigen Raum. Die untersuchten Institutionen reichen dabei von Forschungs- und Entwicklungsabteilungen privater Unternehmen, dem Finanzsektor, Regierungs- und Militärorganisationen, Umweltschutzorganisationen bis zum Gesundheits- und Bildungsbereich. Eine gute Übersicht hierzu geben bspw. Geyer und Steyrer (1998), Rathgeber und Jonas (2003) oder Felfe (2005).

3. Der Zusammenhang zwischen der Kultur eines Unternehmens und seinem Erfolg ist Gegenstand einer Vielzahl von Studien, die Arbeiten von Kotter und Heskett (1992) sowie Denison und Mishra (1995) wurden bereits skizziert. Einen Überblick ausgewählter Studien, die eine positive Korrelation zwischen Unternehmenskultur und Unternehmenserfolg konstatierten, bietet Baetge (2006). Eine Darstellung verschiedener Studien, welche unterschiedliche Dimensionen zur Erfassung von Unternehmenskultur zum Gegenstand haben, findet sich bei Sackmann (2006). Hier wird deutlich, dass die in der Analyse von Unternehmenskultur verwendeten Dimensionen ein breites Spektrum aufweisen und der Erfolgsfaktor Führung bzw. Führungskultur (wenn überhaupt) nur eine Dimension umfasst. Eine ausschließliche Untersuchung des Zusammenhangs von Führung und Führungskultur sowie dem Unternehmenserfolg nimmt keine der Studien vor. So beschreibt etwa Denison (1990) den Einfluss der Dimension „Mission" auf den Erfolg indirekt durch die Untersuchung des Führungsstils („leadership").

4. In der Immobilienwirtschaft gibt es bisher noch keine umfassenden Studien zu transformationaler Führung bzw. Führungskultur, wobei empirische Untersuchungen[11] für verschiedene funktionale Teilbereichen, wie bspw. dem Hospitality-Sektor oder der Bauwirtschaft, vorliegen.

Tracey und Hinkin (1994) haben die Wirkungsweise transformationaler und transaktionaler Führung am Beispiel eines US-Hotelbetreibers von 60 Hotels untersucht. In ihrer Analyse konnten die Autoren einen direkten Einfluss transformationaler Führung auf die Wahrnehmung von offener Kommunikation, Mission, Rollenverständnis oder der Zufriedenheit der Mitarbeiter feststellen. Anschlussstudien der genannten Autoren (1996) bestätigten die Ergebnisse. Einen positiven Einfluss transformationalen Führungsverhaltens auf Kreativität und Selbstvertrauen konnten Wang, Tsai und Tsai (2014) anhand einer Dyade von 395 Führungskräften und Geführten in der Hospitality-Industrie in Taiwan beobachten. Weitere Studien zu transformationalem Führungsverhalten im Hospitality-Segment existieren bspw. von Patiar und Mia (2009) sowie Kara, Uysalb, Sirgy und Lee (2013).

Chan und Chan (2005) legen eine umfassende Analyse aus der Bauwirtschaft vor, bei der 510 Professionals befragt wurden. Gegenstand der Studie ist die Untersuchung transformationalem und transaktionalem Führungsverhalten und die Identifikation des geeignetsten Führungsstils, bezogen auf die Variablen „leader effectiveness", „extra effort by employees" und „employees satisfaction with the leaders". Basis der Studie bildet die Ansprache von 7.200 Architekten, Bauingenieuren und Sachverständigen in Australien, Hong Kong, Singapur und Großbritannien mit Hilfe des MLQ. Aus der Studie lässt sich ableiten, dass die befragten Professionals häufiger transformationales Führungsverhalten zeigen als transaktionales. Es zeigt sich, dass alle Dimensionen transformationaler Führung sowie „bedingte Belohnung" als Dimension transaktionaler Führung signifikant mit den o. a. Variablen korrelieren. Dabei verhalten sich transaktionale und transformationale

---

[11] Ein umfassender Überblick bestehender Studien über Führung in der Bauwirtschaft und im Projektmanagement findet sich bei Toor und Ofori (2008a).

Führung komplementär und der Augmentationseffekt wird deutlich. Aus der Studie lässt sich weiter ableiten, dass durch transformationale Führung, insbesondere in einem von Dynamik und Veränderung geprägten Sektor wie der Bauwirtschaft, ein positiver Einfluss auf Performance und Zufriedenheit erzielt werden kann.

Auf der Grundlage von 130 Führungskräften in der US-Bauwirtschaft haben Butler und Chinowsky (2006) den Zusammenhang von emotionaler Intelligenz (anhand des Emotional Quotient) und transformationalem Führungsverhalten gemessen. Im Rahmen einer bivariaten Regression konnten 34 % der Varianz transformationalen Führungsverhaltens (Basis war der MLQ) durch den Emotional Quotient erklärt werden.

Den Zusammenhang von Führung und Unternehmenskultur untersuchen Giritli, Öney-Yazıcı, Topçu-Oraz und Acar (2013) im türkischen Bausektor mit dem „Organizational Culture Assessment Instrument" von Cameron und Quinn (2005) und dem „Values Survey Module" von Hofstede (2001). Aus dem Sample von 499 Managern aus 107 Unternehmen stellen die Autoren einen signifikanten Zusammenhang zwischen spezifischem Führungsverhalten und Unternehmenskultur fest. So weist die von transformationaler Führung geprägte „clan culture" sowohl patriarchalische als auch consultative Führungselemente auf. Generell lassen sich eine Reihe von verschiedenen Führungsstilen erkennen, was die Autoren auf die Notwendigkeit der Führungskräfte zurückführen, in einer komplexen Projektumgebung und sich verändernder Projektzyklen flexibel agieren zu können. Darüber hinaus konnten die Autoren Unterschiede im transformationalen Führungsverhalten männlicher und weiblicher Führungskräfte feststellen.

Die Korrelation von Unternehmenskultur und Mitarbeiterzufriedenheit von Immobilien-Professionals in Hong Kong untersucht Liu (1999). Aus der Studie ergibt sich, dass die Zufriedenheit im Beruf durch eine starke Unternehmenskultur verbessert werden kann, insofern diese mitarbeiter- und teamorientiert und der interne Informationsfluss von einer offenen Kommunikation geprägt ist.

Aus dem Literaturüberblick geht hervor, dass im Hinblick auf die Untersuchung transformationaler Führung eine große Anzahl an Studien auf Basis des MLQ über verschiedene kausale Zusammenhänge und/oder Wirkmechanismen vorliegen. Zum Thema Führungs- und Unternehmenskultur existieren ebenfalls eine Reihe von Instrumenten nebst Studien zum Einfluss kultureller Dimensionen auf den Unternehmenserfolg. Für die Immobilienwirtschaft gibt es nur für Teilbereiche erste Untersuchungen zum Thema transformationaler Führung. Ingesamt besteht an dieser Stelle Forschungsbedarf unter Einbeziehung weiterer immobilienwirtschaftlicher Akteure bzw. Teilbranchen.

3.6 Zwischenfazit und kritische Würdigung

Das Konzept der transformationalen Führung stützt sich auf die Arbeiten von Burns (1978), in denen er das Führungsverhalten politischer Führer vor dem Hintergrund von Reformen, Revolutionen und Umbrüchen analysiert. Bass (1985) greift das Konzept auf und entwickelt das dreidimensionale Modell des FRL. Wesentliches Element ist die Transformation der Mitarbeiter von einer niedrigeren auf eine höhere Reifestufe, im Sinne der Bedürfnispyramide nach Maslow (1954). Mit Hilfe dieser Transformation lässt sich nach Bass (1985; 1999) ein erhöhtes Bewusstsein der Mitarbeiter für das Erforderliche aufzeigen und somit die Führungs- und Unternehmenskultur nachhaltig verändern.

Dabei existieren verschiedene korrelative Effekte und Wirkmechanismen, die sich positiv auf Erfolgskriterien der Führung wie Mitarbeiterleistung und Zufriedenheit auswirken. Weitere Untersuchungen weisen darauf hin, dass transformationale Führung auch im Kontext von Veränderung und Wandel begünstigend wirken kann. Die Betrachtung legt insgesamt nahe, dass transformationale Führung auch ein geeignetes Führungsmodell für die Immobilienwirtschaft sein könnte. Studien in Teilbereichen der Immobilienwirtschaft bestätigen diese Vermutung, wobei weiterer Forschungsbedarf besteht.

Um transformationale Führung in der Immobilienwirtschaft zu untersuchen, wurde die Ebene der Unternehmens- und Führungskultur einbezogen. Die Zusammenhänge zwischen Führung und Unternehmenskultur wurden aufgezeigt, Unternehmenskultur kann als „Spiegelbild" der vorhandenen Führungskultur aufgefasst werden. Für die Untersuchung von Unternehmenskultur wurden der ODQ nach Bass und Avolio (1993) und die Kulturfaktoren nach Heidbrink und Jenewein (2011) vorgestellt.

In der bisherigen Darstellung transformationaler Führung und deren Implikationen für Führungskräfte, Geführte und Organisation wurde vor allem auf positive Aspekte wie Leistungs- und Einsatzbereitschaft oder Wohlbefinden eingegangen. Allerdings lässt sich das Konzept auf verschiedenen Ebenen kritisch hinterfragen.

Eine umfassende theoretische und empirische Evaluation mit Bezug auf den MLQ findet sich bei Yukl (1999, S. 288–302). Dieser kritisiert die fehlende systematische Untersuchung bzw. Erklärung der beeinflussenden Prozesse transformationaler Führung, speziell im Zusammenhang von Führungskraft und Mitarbeiter sowie Team- und Gruppenprozessen. In Bezug auf die zum Teil überlappenden Inhalte der „Four I´s" (vgl. Kap. 3.2) sowie deren hohe Interkorrelationen, nennt Yukl Zweifel bzgl. der Konstruktvalidität. Auch der Dimension transaktionaler Führung fehle es an konzeptioneller Klarheit, da hierunter eine Vielzahl ineffektiver Führungsstile subsumiert würden. Yukl führt weiter aus, dass sich bisherige Forschungen kaum mit der Spezifikation situativer Bedingungen und moderierender Prozesse zwischen transformationaler Führung und Erfolgskriterien beschäftigt hätten. Darüber hinaus mangele es an der Erforschung negativer Effekte transformationaler Führung.

Ein zentraler Kritikpunkt beschäftigt sich mit der starken Fokussierung auf das persönliche Verhältnis von Führungskraft und Geführtem bzw. dem starken Einfluss der Führungskraft („heroic leadership"). Hierzu führt Gebert (2002, S. 221–222) aus, dass der visionär-charismatische Aspekt auch in Dogmatik und Ideologie umschwenken und zu einer Homogenisierung von Werten und Einstellungen führen kann. Notwendige Heterogenität für Innovationsprozesse ginge demnach verloren. Auch Bass (1999, S. 15) sowie Bass und Steidlmeier (1999, S. 184) weisen auf eine notwendige moralische Fundierung hin und sprechen in dem Zusammenhang von pseudo-transformationaler Führung. So bestehe bei einer ausschließlich charismatischen Führungsperson[12], die transformationale Führung ohne innere Überzeugung lediglich instrumentalisiert, die Gefahr, den Geführten die eigene Meinung bzw. den eigenen Willen aufzuzwingen. Die Abhängigkeit von einer Führungspersönlichkeit birgt weitere Risiken in Form von sinkender Eigenverantwortung und fehlender Kontinuität, bspw. wenn die Führungskraft das Unternehmen verlässt. Dem Konzept mangelt es unter Umständen an Praktikabilität, da charismatisches Führungsverhalten nicht geplant werden kann (Felfe, 2005, S. 45).

Darüber hinaus suggeriert das Konzept die „charismatische" Überlegenheit der Führungskraft gegenüber den Geführten, was bspw. Tourish (2013) unter dem Blickwinkel „The Dark Side of Transformational Leadership" thematisiert. Der Autor veranschaulicht anhand verschiedener Fallstudien und Beispiele die negativen Aspekte transformationaler Führung wie bspw. Narzissmus, Größenwahn und schwaches Führungsverhalten.

Letztendlich funktioniert transformationale Führung nur dann, wenn sich Führungskräfte jenseits eigener Interessen orientieren und darauf ausgerichtet sind, moralisch begründete Vorteile für die Organisation und ihre Mitglieder zu erreichen (Riedelbauch, 2011, S. 49).

Literatur

Avolio, B. J., & Bass, B. M. (1995). Individual consideration viewed at multiple levels of analysis: A multi-level framework for examining the diffusion of transformational leadership. *The Leadership Quarterly, 6(2)*, 199–218.

Avolio, B. J., Howell, J. M., & Sosik, J. J. (1999). A funny thing happened on the way to the bottom line: Humor as a moderator of leadership style effects. *Academy of Management Journal, 42*, 219–227.

Baetge, J. (2006). *Messung der Korrelation zwischen Unternehmenskultur und Unternehmenserfolg.* Abgerufen am 22. November 2013 von http://www.bertelsmann-stiftung.de/bst/de/media/xcms_bst_dms_18942__2.pdf

Bass, B. M. (1985). *Leadership and performance beyond expectation.* New York: Free Press.

Bass, B. M. (1999). Two decades of research and development in transformational leadership. *European Journal of Work and Organizational Psychology, 8(1)*, 9–26.

Bass, B. M., & Avolio, B. J. (1990). *Transformational leadership development: Manual for the multifactor leadership questionnaire.* Paolo Alto: Consulting Psychologists Press.

Bass, B. M., & Avolio, B. J. (1992). *Organizational Description Questionnaire. Sampler set, manual, instrument, scoring guide.* Menlo Park: Mind Garden.

Bass, B. M., & Avolio, B. J. (1993). Transformational leadership and organizational culture. *Public Administration Quarterly, 17(1)*, 112–121.

Bass, B. M., & Avolio, B. J. (1994). *Improving organizational effectiveness through transformational leadership.* Thousands Oaks: Sage.

Bass, B. M., & Bass, R. (2008). *The Bass handbook of leadership: Theory, research, and managerial applications* (4. Auflage). New York: Free Press.

---

[12] Für die Unterschiede zwischen transformationaler und charismatischer Führung siehe Tab. A5.

Bass, B. M., & Riggio, R. E. (2006). *Transformational leadership* (2. Auflage). Mahwah: Lawrence Erlbaum.

Bass, B. M., & Steidlmeier, P. (1999). Ethics, character, and authentic transformational leadership behavoir. *The Leadership Quarterly, 10*(2), 181–217.

Bennis, W., & Nanus, B. (1985). *Leaders: Strategies for taking charge*. New York: Harper & Row.

Bommer, W. H., Rich, G. A., & Rubin, R. S. (2005). Changing attitudes about change: Longitudinal effects of transformational leader behavior on employee cynicism about organizational change. *Journal of Organizational Behavior, 26*, 733–753.

Bono, J. E., & Judge, T. A. (2004). Personality and transformational and transactional leadership: A meta-analysis. *Journal of Applied Psychology, 89*, 901–910.

Burns, J. M. (1978). *Leadership*. New York: Harper & Row.

Butler, J. C., & Chinowsky, P. S. (2006). Emotional intelligence and leadership behavior in construction executives. *Journal of Management in Engineering, 22*(3), 119–125.

Cameron, K. S., & Quinn, R. E. (2005). *Diagnosing and changing organizational culture: Based on the competing values framework*. New York: Addison-Wesley.

Chan, A. T., & Chan, E. H. (2005). Impact of perceived leadership styles on work outcomes: Case of building professionals. *Journal of Construction Engineering and Management, 131*(4), 413–422.

Cohen, M. D., March, J. G., & Olsen, J. P. (1972). A garbage can model of organizational choice. *Administrative Science Quarterly, 17*(1), 1–25.

Conger, J. A., & Kanungo, R. N. (1998). *Charismatic leadership in organizations*. Thousand Oaks: Sage.

Cooke, R. A., & Lafferty, J. (1983). *Organizational culture inventory*. Plymouth: Human Synergistics.

Denison, D. R. (1990). *Corporate culture and organizational effectiveness*. New York: John Wiley & Sons.

Denison, D. R., & Mishra, A. K. (1995). Toward a theory of organizational culture and effectiveness. *Organization Science, 6*(2), 204–223.

Detert, J. R., & Burris, E. R. (2007). Leadership behaviour and employee voice: Is the door really open? *Academy of Management Journal, 50*(4), 869–884.

Dörr, S. L. (2008). *Motive, Einflussstrategien und transformationale Führung als Faktoren effektiver Führung*. München: Hampp.

Duden. (2000). Stichwort „Charisma". In Dudenredaktion (Hrsg.), *Duden, Das große Fremdwörterbuch: Herkunft und Bedeutung der Fremdwörter*. Mannheim: Dudenverlag.

Felfe, J. (2005). *Charisma, transformationale Führung und Commitment*. Köln: Kölner Studien.

Felfe, J. (2006). Transformationale und charismatische Führung – Stand der Forschung und aktuelle Entwicklungen. *Zeitschrift für Personalpsychologie, 5*(4), 163–176.

Gebert, D. (2002). *Führung und Innovation*. Stuttgart: Kohlhammer.

Geyer, A., & Steyrer, J. (1998). Messung und Erfolgswirksamkeit transformationaler Führung. *Zeitschrift für Personalforschung, 4*, 377–401.

Giritli, H., Öney-Yazıcı, E., Topçu-Oraz, G., & Acar, E. (2013). The interplay between leadership and organizational culture in the Turkish construction sector. *International Journal of Project Management, 31*, 228–238.

Grilz, W. (2011). Gestaltung von Führungskultur durch Personalentwicklung. In A. Orthey, S. Laske, & M. Schmid (Hrsg.), *Personal Entwickeln* (147. Ergänzungslieferung, März 2011) (S. 1–29). Köln: Deutscher Wirtschaftsdienst.

Heidbrink, M., & Brenner, S. (2013). Messung von Hochleistungskultur – Konstruktion, Optimierung und Erprobung des HPO-Analyzers. *Journal of Business and Media Psychology, 4*(1), 35–45.

Heidbrink, M., & Jenewein, W. (2011). *High-Performance-Organisationen: Wie Unternehmen eine Hochleistungskultur aufbauen*. Stuttgart: Schäffer-Poeschel.

Hofstede, G. (2001). *Culture's consequences: Comparing values, behaviours, institutions, and organizations across nations*. London: Sage.

Hofstede, G., Neuijen, B., Ohayv, D. D., & Sanders, G. (1990). Measuring organizational cultures: A qualitative and quantitative study across twenty cases. *Administrative Science Quarterly, 35*(2), 286–316.

House, R. J. (1977). A 1976 theory of charismatic leadership. In J. G. Larson, & L. L. Hunt (Hrsg.), *Leadership. The cutting edge* (S. 189–207). Carbondale: Southern Illinois University Press.

Judge, T. A., & Piccolo, R. F. (2004). Transformational and transactional leadership: A meta-analytic test of their relative validity. *Journal of Applied Psychology, 89*(5), 755–768.

Kara, D., Uysalb, M., Sirgy, M. J., & Lee, G. (2013). The effects of leadership style on employee well-being in hospitality. *International Journal of Hospitality Management, 34*, 9–18.

Klauss, R., & Bass, B. M. (1982). *Interpersonal communication in organizations*. New York: Academic Press.

Kotter, J. P. (1996). *Leading change*. Boston: Harvard Business School Press.

Kotter, J. P., & Heskett, J. L. (1992). *Corporate Culture and Performance*. New York: Free Press.

Kouzes, J. M., & Posner, B. Z. (1987). *The leadership challenge: How to make extraordinary things happen in organizations*. San Franscisco: Jossey-Bass.

Liu, A. M. (1999). Culture in the Hong Kong real-estate profession: A trait approach. *Habitat International, 23* (3), 413–425.

Maslow, A. H. (1954). *Motivation and personality*. New York: Harper & Row.

Mischel, W. (1977). The interaction of person and situation. In D. Magnusson, & N. S. Endler (Hrsg.), *Personality at the crossroads: Current issues in interactional psychology* (S. 333–352). Hillsdale: Erlbaum.

Nemanich, L. A., & Keller, R. T. (2007). Transformational leadership in an acquisition: A field study of employees. *The Leadership Quarterly, 18*, 49–68.

Nerdinger, F. W. (2011b). Organisationsklima und Organisationskultur. In F. W. Nerdinger, G. Blickle, & N. Schaper (Hrsg.), *Arbeits- und Organisationspsychologie* (2. Auflage) (S. 137–147). Heidelberg: Springer.

O'Reilly, C. A. III, Chatman, J., & Caldwell, D. F. (1991). People and organizational culture: A profile comparison approach to assessing person-organization fit. *Academy of Management Journal, 34*(3), 487–516.

Parry, K. W., & Proctor-Thomson, S. B. (2001). Testing the validity and reliability of the organizational description questionnaire (ODQ). *International Journal of Organizational Behaviour, 4*(3), 111–124.

Patiar, A., & Mia, L. (2009). Transformational leadership style, market competition and departmental performance: Evidence from luxury hotels in Australia. *International Journal of Hospitality Management, 28*, 254–262.

Pillai, R., & Meindl, J. R. (1998). Context and charisma: A „meso" level examination of the relationship of organic structure, collectivism, and crisis to charismatic leadership. *Journal of Management, 24*(5), 643–671.

Pundt, A., & Nerdinger, F. W. (2012). Transformationale Führung – Führung für den Wandel? In S. Grote (Hrsg.), *Die Zukunft der Führung* (S. 27–45). Berlin: Springer Gabler.

Pundt, A., & Schyns, B. (2005). Führung im Ideenmanagement. Der Zusammenhang zwischen transformationaler Führung und dem individuellen Engagement im Ideenmanagement. *Zeitschrift für Personalpsychologie, 4*(2), 55–65.

Rathgeber, K., & Jonas, K. (2003). Transformationale Führung: Mehr Leistung, weniger Stress? In P. Creutzfeldt (Hrsg.), *Die gesunde Organisation. Grundlagen, Konzepte, Praxis* (S. 55–75). Düsseldorf: VDM.

Riedelbauch, K. (2011). *Theorie und Förderung transformationaler Führung: Selbstdarstellungstheoretische Interpretation und Wirksamkeit von Gruppenworkshops und Einzelcoachings*. Bamberg: Diss., Universität Bamberg.

Rigotti, F. (1994). Die Macht und ihre Metaphern. Über die sprachlichen Bilder der Politik. Frankfurt a. M.: Campus

Rosenstiel, L. v. (2007). *Grundlagen der Organisationspsychologie* (6., überarbeitete Auflage). Stuttgart: Schäffer-Poeschel.

Rottke, N. B. (2011a). Institutionen im Modell immobilienwirtschaftlicher Aktivität. In N. B. Rottke, & M. Thomas (Hrsg.), *Immobilienwirtschaftslehre, Band. 1, Management* (S. 173–190). Köln: Immobilien Manager.

Rubin, R. S., Dierdorff, E. C., Bommer, W. H., & Baldwin, T. T. (2009). Do leaders reap what they sow? Leader and employee outcomes of leader organizational cynicism about change. *The Leadership Quarterly, 20*, 680–688.

Sackmann, S. A. (1991). *Cultural knowledge in organizations. Exploring the collective mind*. Newbury Park: Sage.

Sackmann, S. A. (2006). *Welche kulturellen Faktoren beeinflussen den Unternehmenserfolg?* Abgerufen am 25. September 2013 von www.bertelsmann-stiftung.de/bst/.../xcms_bst_dms_18946_18947_2.pdf

Schein, E. H. (1985). *Organizational culture and leadership*. San Francisco: Jossey-Bass.

Shamir, B., & Howell, J. M. (1999). Organizational and contextual influences on the emergence and the effectiveness of charismatic leadership. *The Leadership Quarterly, 10*, 257–283.

Shamir, B., House, R. J., & Arthur, M. B. (1993). The motivational effects of charismatic leadership. *Organization Science, 4(4)*, 577–594.

Sosik, J. J., & Jung, D. I. (2010). *Full range leadership development: Pathways for people, profit, and planet*. New York: Taylor & Francis.

Southwick, R. B. (1998). *Antecedents of transformational, transactional, and laissez-faire leadership*. Athens: Diss., University of Georgia.

Steyrer, J. (1995). *Charisma in Organisationen. Sozial-kognitive und psychodynamisch-interaktive Aspekte von Führung*. Frankfurt am Main: Campus.

Thomas, A. (2005). National- und Organisationskulturen. In A. Thomas, E.-U. Kinast, & S. Schroll-Machl (Hrsg.), *Handbuch Interkulturelle Kommunikation und Kooperation* (Bd. 1: Grundlagen und Praxisfelder, S. 32–43). Göttingen: Vandenhoeck & Ruprecht.

Toor, S. R., & Ofori, G. (2008a). Taking leadership research into future: A review of empirical studies and new directions for research. *Engineering, Construction and Architectural Management, 15(4)*, 352–371.

Tourish, D. (2013). *The dark side of transformational leadership: A critical perspective*. New York: Routledge.

Tracey, B. J., & Hinkin, T. R. (1994). Transformational leaders in the hospitality industry. *Cornell Hotel and Restaurant Administration Quarterly, 35(2)*, 18–24.

Tracey, B. J., & Hinkin, T. R. (1996). How transformational leaders lead in the hospitality industry. *International Journal of Hospitality Management, 15*(2), 165–176.

Tuppinger, J. (2003). *Wissensorientierter Organisationswandel. Ein Ansatz zur Veränderung von Struktur und Kultur*. Wiesbaden: Deutscher Universitätsverlag.

Wang, G., Oh, I., Courtright, S. H., & Colbert, A. E. (2011). Transformational leadership and performance across criteria and levels: A meta-analytic review of 25 years of research. *Group & Organization Management, 36(2)*, 223–270.

Wang, C.-J., Tsai, H.-T., & Tsai, M.-T. (2014). Linking transformational leadership and employee creativity in the hospitality industry: The influences of creative role identity, creative self-efficacy, and job complexity. *Tourism Management, 40*, 79–89.

Weber, M. (1921/1980). *Wirtschaft und Gesellschaft. Grundriss der verstehenden Soziologie.* Tübingen: Mohr Siebeck.

Yukl, G. (1999). An evaluation of conceptual weaknesses in transformational and charismatic leadership theories. *The Leadership Quarterly, 10*(*2*), 285–305.

Yukl, G. (2002). *Leadership in organizations* (5. Auflage). London: Prentice-Hall.

Yukl, G. (2013). *Leadership in Organizations* (8. Auflage). Essex: Pearson.

Zaleznik, A. (1977). Managers and leaders: Are they different? *Harvard Business Review, 55*, 67–78.

Untersuchung transformationaler Führungskultur in der Immobilienwirtschaft

4

4.1 Vorgehensweise

In den vorherigen Kapiteln wurden die notwendigen Grundlagen gelegt, das Bass'sche Konzept transformationaler Führung beschrieben und das methodische Instrumentarium für den weiteren Gang der Arbeit vorgestellt. Darauf aufbauend erfolgt in Kap. 4 die Untersuchung transformationaler Führung in der Immobilienwirtschaft.

Für die Betrachtung ist es notwendig, zunächst eine Abgrenzung des Untersuchungsgegenstands vorzunehmen. Da eine Vollerhebung aufgrund der Heterogenität sowie geringen Transparenz innerhalb der Immobilienwirtschaft (Schulte, Rottke, & Pitschke, 2005) aus forschungsökonomischen Gründen nicht möglich ist, soll eine Teilerhebung anhand einzelner Institutionen bzw. Akteure erfolgen. Diese Auswahl ist nach ter Hofte-Fankhauser und Wälty (2011, S. 34–36) mittels bestimmter Merkmale und Strukturen vorzunehmen, anhand derer sich Rückschlüsse auf die Grundgesamtheit der jeweiligen Akteure (bspw. alle Projektentwickler) ableiten lassen. Die Auswahl der Stichprobe kann dabei zufallsbasiert oder in Form von Quoten vorgenommen werden. Eine Quota-Auswahl bei einer Befragung von Unternehmen kann bspw. mittels mehrerer Quotenmerkmale wie Größe, Branche oder Funktion bzw. Hierarchie der Zielperson erfolgen.

Der Befragungsstruktur liegt eine Quota-Auswahl zugrunde, der Auswahlprozess ist mehrstufig aufgebaut (siehe Abb. A4). Zunächst erfolgt der Fokus auf Akteure in der Immobilienwirtschaft, in einem zweiten Schritt die Konkretisierung auf zugehörige Unternehmen und anschließend auf die Auswahl der Teilnehmer.

© Springer Fachmedien Wiesbaden 2015
M. Zingel, *Transformationale Führung in der multidisziplinären Immobilienwirtschaft,*
Impulse für die Immobilienwirtschaft, DOI 10.1007/978-3-658-07733-4_4

4.2   Abgrenzung des Untersuchungsgegenstands

4.2.1   Das Modell immobilienwirtschaftlicher Aktivität nach Diaz (1993)

Für die Ableitung und Abgrenzung der Akteure soll das Modell immobilienwirtschaftlicher Aktivität nach Diaz (1993, S. 186) herangezogen werden. Abb. 4.1 zeigt das Modell, in dem Kreise die einzelnen Aktivitätszentren darstellen und deren Verbindungen zu anderen Aktivitäten die immobilienwirtschaftlichen Märkte abbilden. Den Kern des Modells bildet die unternehmerische Aktivität bzw. die Kapitalbeschaffung. Von zentraler Bedeutung ist dabei der Wertschöpfungsgedanke, aus dem sich die weiteren Kernbereiche der Aktivität ergeben. Hierzu gehören Finanzierungs- und Investitionsaktivitäten, die Interaktion mit der öffentlichen Hand und externen Dienstleistern, die alle aus einer Angebotsperspektive angesprochen werden. Neben der Angebotsseite wird auch die Nachfrageseite abgebildet, zu der sowohl Immobiliennutzer (Flächenbereitstellung) als auch Unternehmer zweiter Ebene gehören, die weniger ein physisches Interesse haben, sondern vielmehr ertragsorientiert agieren (Diaz, 1993, S. 185–186; Rottke, 2011a, S. 176–178).

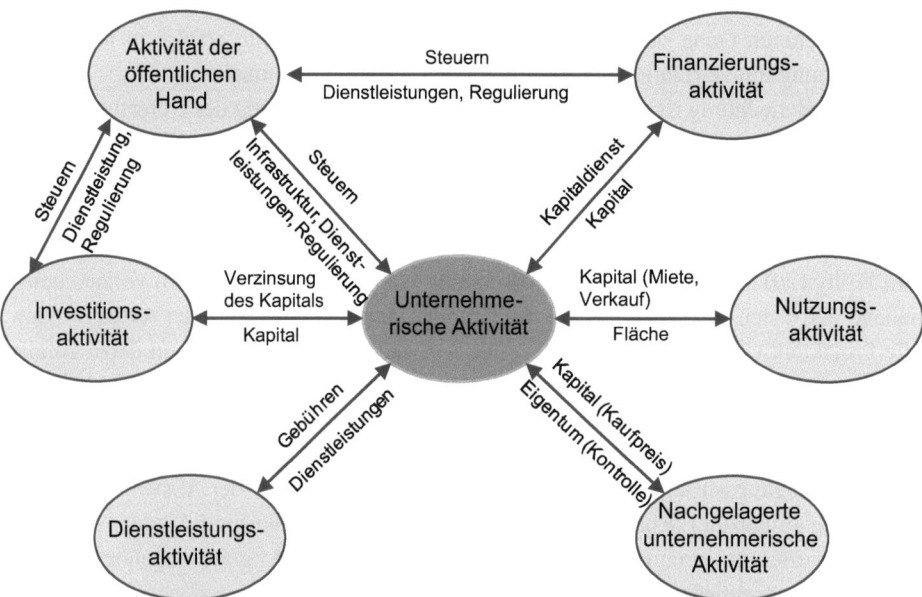

Abb. 4.1 Modell immobilienwirtschaftlicher Aktivität nach Diaz (1993). (Darstellung übernommen aus Diaz (1993, S. 187)

Das Modell besticht durch eine einfache Struktur und Klarheit, anhand derer die überwiegende Anzahl an Akteuren der Immobilienwirtschaft verortet werden können. Darüber hinaus herrscht eine relative Flexibilität, da jedes Zentrum verschiedene Aktivitäten abwickeln kann. Als Beispiel lassen sich etwa Private-Public-Partnership-Modelle anführen (Rottke, 2011a, S. 178).

Aus dem Modell sollen nachfolgend die zu untersuchenden Akteure abgeleitet werden. Neben strukturellen Überlegungen vor dem Hintergrund der Immobilienwirtschaft, soll dabei der konzeptionelle Rahmen der Arbeit Orientierung geben.

Unter den Bereich der unternehmerischen Aktivität werden zunächst die *Projektentwickler* („Developer") subsumiert, die innerhalb des Modells eine zentrale Stellung einnehmen (Diaz, 1993, S. 186). Die Investitions- bzw. Finanzierungsaktivitäten werden den institutionellen *Investoren* bzw. *Finanzierern* zugeordnet.

Die Aktivitäten der *öffentlichen Hand,* die im Wesentlichen den regulatorischen Rahmen für die unternehmerischen Aktivitäten zur Verfügung stellt, sollen in der Arbeit nicht berücksichtigt werden. Zum einen wird die öffentliche Hand bei der Analyse des Immobilienmarkts meist nicht als eigenständiger Akteur betrachtet (Voigtländer et al., 2013), zum anderen würde die Untersuchung von Führungskultur in Einrichtungen der öffentlichen Hand, unabhängig einer Abgrenzungsproblematik, zu einer Verzerrung des Betrachtungsradius führen. So führt Goihl (2003) in einer Untersuchung transformationaler Führung in der öffentlichen Verwaltung aus, dass bürokratische Organisationen eine spezifische Aufbau- und Ablauforganisation[1] aufweisen. Innerhalb dieser Strukturen lassen sich nach Staehle (1999, S. 714–717) kritische Besonderheiten in Führungssituationen aufzeigen. Der Autor führt dabei Kapazitäts- und Koordinationsaspekte, mangelnde Entscheidungsqualität sowie personenbezogene Aspekte an.

Die *Nutzer* von Immobilien sollen ebenfalls unberücksichtigt bleiben, unter die Privatpersonen, Unternehmen und die öffentliche Hand fallen (Rottke, 2011a, S. 185). Vor dem Gegenstand der Arbeit kann die Betrachtung von Privatpersonen ausgeschlossen werden, bei der Nichtberücksichtigung der öffentlichen Hand wird auf die o. a. Ausführungen verwiesen. Unternehmen nutzen Immobilien im Rahmen von Miet- und/oder Eigentumsverhältnissen (Rottke, 2011a, S. 186) im innerbetrieblichen Wertschöpfungsprozess, wobei diese oftmals nicht zum originären Kerngeschäft zählen und überwiegend als nachrangige Funktion innerhalb des Unternehmens (Schäfers & Gier, 2008, S. 889) angesiedelt sind. Aufgrund dieser strukturellen Besonderheiten sollen Unternehmensnutzer nicht betrachtet werden.

Demgegenüber sollen die *Dienstleistungsaktivitäten* Berücksichtigung finden. Hierzu zählen zunächst Berater (bspw. Makler, Sachverständige sowie Rechts- und Steuerberater), die umfassende Dienstleistungen in allen Phasen des immobilienwirtschaftlichen Lebenszyklus erbringen und als wesentliche Intermediäre zwischen den übrigen immobilienwirtschaftlichen Akteuren fungieren. Weitere Dienstleister lassen sich im Kontext von Planung und Bau, Instandhaltung und Wartung, Immobilienbetrieb sowie sonstiger Dienstleistungen bzw. der klassischen Unternehmensberatung verorten (Rottke, 2011a, S. 188–189; Schulte & Holzmann, 2008, S. 192–199). Darüber hinaus wird auch die Bauwirtschaft betrachtet. Wenngleich diese im Modell nicht explizit als eigener Akteur auf-

---

[1] Behörden haben traditionell feste Strukturen in Form von Linien- oder Stablinien-Organisationen.

geführt wird, fällt sie dennoch unter den Dienstleistungsbereich und ist traditionell eng mit der unternehmerischen Kernfunktion verbunden (Diaz, 1993, S. 187).

4.2.2   Detailbetrachtung und Abgrenzung der Akteure

Projektentwickler zeichnen sich dadurch aus, dass sie die Faktoren Standort, Kapital und Idee, unter Beachtung von Wirtschaftlichkeit und Zeit, dahingehend kombinieren, dass ein Immobilienprojekt verwirklicht werden kann (Diederichs, 1994, S. 43; Schulte, Bone-Winkel, & Rottke, 2002, S. 33–34). Die Bedeutung von Projektentwicklern wird aus deren unternehmerischer Interaktion mit anderen Akteuren in der Immobilienwirtschaft deutlich. Dies geschieht über die Einwerbung von Eigen- und Fremdkapital sowie in Form der Nutzung von Infrastruktur und weiterer Dienstleistungen (Diaz, 1993, S. 18).

Da die Finanzierungsstruktur von Projektentwicklungen und Immobilieninvestitionen stark fremdkapitalorientiert ist, kommt *Immobilienfinanzierern* eine zentrale Funktion zu (Schulte & Holzmann, 2008, S. 188). So weist die Deutsche Bundesbank (2013, S. 32) für Dezember 2012 ein Volumen an Wohnungsbaudarlehen von 1,1 Bio. EUR sowie für gewerbliche Immobilienfinanzierungen von 0,3 Bio. EUR aus. Die am häufigsten vorkommende Finanzierungsform ist dabei nach wie vor das grundpfandrechtlich gesicherte Darlehen, dessen Bedeutung insbesondere im Zuge der Finanzkrise wieder zugenommen hat (Iblher et al., 2008, S. 534). So beläuft sich der Marktanteil der Institute im Verband Deutscher Pfandbriefbanken e. V. (VDP) auf 31,3 % in der Wohnungsfinanzierung und 63,9 % im gewerblichen Segment (VDP, 2012, S. 29–31). Aufgrund dieser Bedeutung, soll der Fokus im Bereich der Immobilienfinanzierer[2] auf den Pfandbriefbanken liegen.

Investoren gewährleisten gemeinsam mit Finanzierern die Umsetzung von Immobilienprojekten. Unter institutionellen Immobilieninvestoren werden nach Loos (2008) „alle Institutionen verstanden, die in professioneller Weise und signifikantem Umfang ihnen zur Verfügung gestellte Finanzmittel in Immobilien investieren" (S. 21). Nach Bone-Winkel (1996, S. 671) lässt sich eine Unterscheidung in Halter von Single-Asset- und Multi-Asset-Portfolien treffen. Schwerpunkt der Arbeit bilden Single-Asset-Investoren, da bei diesen die Immobilienanlagen das Gesamtportfolio dominieren. Der Unterteilung folgend, soll der Fokus[3] auf offenen und geschlossenen Immobilienfonds sowie Immobiliengesellschaften liegen.

---

[2] Weitere Anbieter sind private Geschäftsbanken, Sparkassen, Genossenschaftsbanken, Hypothekenbanken, Bausparkassen und Kreditinstitute mit Spezialaufgaben. Zudem treten am Markt Anbieter wie Versicherungsunternehmen und Hypothekenvermittler auf (Rottke, 2011a, S. 182).

[3] Private Personen, Unternehmen und die öffentliche Hand, die auch als Investoren auftreten können (Rottke, 2011d, S. 839), werden nicht betrachtet. Private Equity Investoren als (Single-Asset-) Investoren lassen sich nur bedingt eingrenzen (Zimmermann, 2006, S. 13) und sollen nicht berücksichtigt werden.

Bei der Betrachtung des stark heterogenen Felds der *Immobilien-Dienstleister* werden die großen, meist international agierenden Immobilien-Dienstleistungsunternehmen einbezogen. Diese nehmen eine immer stärker werdende Rolle am Immobilienmarkt ein (Schulte & Holzmann, 2008, S. 198) und umfassen einen Großteil immobilienwirtschaftlicher Dienstleistungen. Andere Dienstleister werden aufgrund struktureller Überlegungen (Architekten, Bauingenieure, Facility Manager) sowie absoluter Bedeutung (Rechtsanwälte, Steuerberater) nicht einbezogen.

Die Bauwirtschaft ist im Modell nach Diaz (1993, S. 187) unter den Dienstleistern subsumiert und hat mit 21 % einen bedeutenden Anteil an der gesamten Bruttowertschöpfung der Immobilienwirtschaft von 389 Mrd. € (Voigtländer et al., 2013, S. V). Sie umfasst im weiteren Sinne alle Akteure, die für Bauprojekte Planungs-, Nutzungs- und Durchführungsleistungen erbringen. Nachfolgend soll die engere Auslegung von Bauwirtschaft Anwendung finden, nach der nur direkt involvierte Unternehmen des Bauhaupt- und Ausbaugewerbes verstanden werden (Bone-Winkel, Feldmann, & Spies, 2008, S. 45).

4.3   Methodik der empirischen Untersuchung

4.3.1   Zielsetzung

In der nachfolgenden empirischen Untersuchung wurden Daten zur bisher weitgehend unerforschten Führungskultur in der deutschen Immobilienwirtschaft erhoben. Die Arbeit hat das Ziel, die Führungs- und Unternehmenskultur in der Immobilienwirtschaft mittels der Dimensionen transaktionaler und transformationaler Führung zu analysieren. Dabei soll als Hypothese gelten, dass die Führungskultur eher transaktional ausgerichtet ist. Es wird weiter davon ausgegangen, dass sich nicht alle Akteure im Hinblick auf ihre transaktionale und transformationale Führungskultur gleich verhalten, bei allen aber eine eher transaktionale Führungskultur vorherrscht. Auf Basis der Datenerhebung soll eine Analyse erfolgen, anhand derer die Hypothese validiert werden kann.

4.3.2   Datenerhebung

Die Datenerhebung erfolgte mittels einer unabhängigen Befragung auf Basis des „Organizational Description Questionnaire" (ODQ). Der ODQ[4] besteht aus 28 Fragen, die sich in je 14 Fragen zu transaktionalem und transformationalem Führungsverhalten untergliedern. Dabei umfassen Fragen mit einer ungeraden Nummerierung die Dimension transak-

---

[4] Der Fragebogen ist urheberrechtlich geschützt und darf nur auszugsweise dargestellt werden. Der komplette Fragebogen kann unter www.mindgarden.com bezogen werden (siehe Abb. A1 und Tab. A2).

tionaler und Fragen mit einer geraden Nummerierung die Dimensionen transformationaler Führung. Die Antwortmöglichkeiten bestehen aus „ja", „nein" oder „?" (unentschlossen oder weiß ich nicht). Die Fragen sind aus dem FRL-Modell abgeleitet (vgl. Kap. 3.2) und greifen dessen Ausprägungen, beginnend bei „idealized influence" bis zu „laissez-faire", auf. Neben den Fragen zur Führungskultur, wurden zudem die Altersklasse, die hierarchische Position sowie die individuelle Funktion abgefragt, um ggf. weitere diskriminierende (anonymisierte) Auswertungen der Teilnehmer zu ermöglichen.

Der Fragebogen wurde auf Basis des englischen Originalfragebogens von Bass und Avolio (1992) mittels SoSci Survey (Leiner, 2013) erstellt. Zum besseren Verständnis wurden die Fragen und weitere Hinweise durch eine deutsche Übersetzung[5] ergänzt. Die Ansprache anhand eines personalisierten Anschreibens erfolgte nach dem Pre-Test per E-Mail im Zeitraum von Oktober bis November 2013. Den Teilnehmern stand per Link ein individualisierter, onlinebasierter Zugang zur URL https://www.soscisurvey.de/Leadership_Culture_Real_Estate/ zur Verfügung. Um den Rücklauf zu erhöhen, folgte nach zwei Wochen ein personalisiertes Erinnerungsschreiben.[6]

4.3.3   Ableitung des Teilnehmerfelds

Für die Ableitung des Teilnehmerfelds wurden für jede Gruppe von Akteuren zunächst die größten Unternehmen identifiziert. Einer Abgrenzung nach Größe lag die Überlegung zugrunde, möglichst überregional agierende Marktteilnehmer anzusprechen, bei denen von einer hohen Professionalität, umfassendem immobilienwirtschaftlichen Know-how, einer tiefen Branchendurchdringung sowie professionellen organisatorischen Strukturen ausgegangen werden kann.

Um eine hohe Rücklaufquote pro Unternehmen zu generieren und ein heterogenes Teilnehmerfeld über verschiedene Hierarchie- und Fachbereiche zu gewährleisten, wurde ein zweistufiger Ansatz gewählt. Zunächst erfolgte eine Erstansprache von Unternehmensvertretern[7] auf Board- oder Senior-Management-Ebene (ter Hofte-Fankhauser & Wälty, 2011, S. 34) in der das Forschungsprojekt vorgestellt und die grundsätzliche Bereitschaft zur Teilnahme abgeprüft wurde. In einem zweiten Schritt wurden die potentiellen Teilnehmer aus den Unternehmen mittels fester Merkmale identifiziert. Hierzu gehörte der betriebliche Funktionsbereich (bspw. technische oder kaufmännische Projektentwicklung) sowie die Hierarchie (bspw. Manager, Analyst). Auf diese Weise sollte eine heterogene

---

[5] Die deutsche Übersetzung des Fragebogens wurde im Rahmen des lizensierten Originals zur Verfügung gestellt, es handelt sich jedoch nicht um eine autorisierte Version der Autoren. Es wurden daher auf Basis der Pre-Tests verschiedene Ergänzungen bzw. Änderungen zur besseren Verständlichkeit vorgenommen.

[6] Siehe Anschreiben (Abb. A5) und Erinnerungsschreiben (Abb. A6).

[7] Der Erstansprache lag nur der ODQ, ohne die ergänzenden demografischen Fragen, bei (Abb. A7).

Teilnehmerstruktur für die Untersuchung der Führungs- und Unternehmenskultur erreicht werden. Bass und Avolio (1992) verweisen bei Befragungen anhand des ODQ ebenfalls auf eine strukturierte Auswahl von Teilnehmern hin.

Die nachfolgende Tabelle zeigt die Kriterien für die Ableitung des Teilnehmerfelds[8].

Tab. 4.1 Ableitung des Teilnehmerfelds. (Eigene Darstellung)

Auswahl		Kriterium	Grundlage	Quelle
Projektentwickler	Top 10	Projektvolumen in m², 2008 bis 2015	Top 100 in Deutschland, Bulwien Gesa	Schulten, 2011, S. 76
Finanzierer	Top 10	Hypothekenbestand 2012	Branchenverband der Pfandbriefbanken (VDP)	VDP, 2012
Offene Immobilienfonds	Top 5	Fondsvolumen, 31.8.2013	Investmentstatistik Bundesverband Investment und Management (BVI)	BVI, 2013
Geschlossene Immobilienfonds	Top 10	Eigenkapital 2012[a]	Verband Geschlossener Fonds (VGF)	VGF, 2013, S. 28
Immobilien-gesellschaften/ REITs	Top 15	Marktkapitalisierung, 30.09.2013	Bankhaus Ellwanger und Geiger KG, DIMAX	E&G DIMAX, 2013
Berater	Top 5	Umsatz 2012	Firmendatenbank Hoppenstedt	Hoppenstedt, 2013
Bauwirtschaft[b]	Top 5	Bauleistung 2011	Top 50 in Deutschland	Linden, 2012, S. 86

[a] Ohne geographischen Fokus.
[b] Die Auswahl der Teilnehmer umfasst den Bereich Hochbau- bzw. Schlüsselfertigbau.

4.3.4 Kurzdarstellung der Ergebnisse

Im Rahmen der Befragung wurden 495 Personen angesprochen, der Rücklauf liegt bei 48,1 % ($N=238$)[9] und ist vermutlich auf den beschriebenen mehrstufigen Auswahl- und Anspracheprozess der Teilnehmer zurückzuführen. Der höchste Rücklauf konnte bei der Gruppe der Berater (55,0 %) erzielt werden, der geringste bei den Finanzierern (42,9 %). Die Bandbreite der einzelnen Rückläufe pro Unternehmen reichte von 14 % bis 80 %. Die Stichprobe untergliedert sich weiter in 75,6 % männliche und 24,4 % weibliche Teilneh-

---

[8] Eine detaillierte Übersicht der angefragten Unternehmen befindet sich in Tab. A6 bis Tab. A12.

[9] Mit N wird nachfolgend die gesamte Stichprobe bezeichnet, n umfasst eine Unterstichprobe. Die Auswertung erfolgte mit dem „Statistical Package for the Social Sciences" (SPSS) Version 21.0.

mer, wobei die Gruppe der Bauwirtschaft den geringsten Anteil (6,3 %) weiblicher Teilnehmer aufweist (vgl. Tab. 4.2).

Tab. 4.2 Rücklauf und Struktur der Teilnehmer. (Eigene Darstellung)

	Ansprache	n	Quote	Unternehmen	Führungskräfte[a]	Geführte	m	w
Projektentwickler	55	28	50,9 %	3	17	11	78,6 %	21,4 %
Finanzierer	63	27	42,9 %	3	14	13	77,8 %	22,2 %
Investoren	229	107	46,7 %	13	58	49	70,1 %	29,9 %
Berater	80	44	55,0 %	4	20	24	72,7 %	27,3 %
Bauwirtschaft	68	32	47,1 %	4	21	11	93,8 %	6,3 %
Gesamt	*495*	*238*	*48,1 %*	*27*	*130*	*108*	*75,6 %*	*24,4 %*

Legende: männlich m, weiblich w
[a] Führungskräfte: „Member of the Board" und „Manager/Senior Manager". Geführte: „Professional/Senior", „Junior employee/Analyst" und „Admin staff". Zuordnung anhand der Hierarchie-Klassifizierung der Teilnehmer. Keine explizite Abfrage, ob tatsächlich Führungsfunktionen wahrgenommen werden.

Die Teilnehmer stammen aus 27 Unternehmen. Projektentwickler und Finanzierer sind mit je 3, Berater und Bauwirtschaft mit je 4 Unternehmen vertreten. Bei den institutionellen Investoren wurden aufgrund der verschiedenen Investorentypen absolut betrachtet mehr Unternehmen bzw. Personen angesprochen. Die Gruppe setzt sich aus 13 Unternehmen und 107 Personen zusammen. Im Mittel nahmen rd. 9 Personen pro Unternehmen an der Befragung teil.

Aufgrund des nicht gesicherten Kenntnisstands über die Zusammenhänge zwischen den Akteuren bzw. Teilnehmern in Bezug auf die Ergebnisse (Mittelwerte, „Scores") auf der transaktionalen (TA) und transformationalen (TF) Dimension, wurde die nachfolgende Untersuchung in Form einer explorativen Analyse vorgenommen. Sofern zwischen den Mittelwertsunterschieden[10] signifikante Zusammenhänge bestehen, lassen sich grundsätzlich auch allgemeingültige Aussagen ableiten[11].

Die Befragung ergab, dass alle Teilnehmer der Stichprobe, die Führungs- und Unternehmenskultur auf Basis der Ausprägungsstufen (vgl. Kap. 3.4.4) von Bass und Avolio (1992; 1993) im Mittel als moderat transformational (TA $M=0,44$; TF $M=7,29$) empfin-

---

[10] Zu den Nachteilen der Verwendung des arithmetischen Mittels siehe Neuberger (2002, S. 398).

[11] Da die Voraussetzungen für die einfaktorielle Varianzanalyse (ANOVA) (Normalverteilung, Varianzhomogenität; Brosius, 2011, S. 499–500) nicht vorliegen, wird der Zusammenhang zwischen den Mittelwerten mit dem nichtparametrischen Kruskal-Wallis-Test (Rangtest) für unabhängige Stichproben zur Untersuchung der Mittelwertsunterschiede (Kruskal & Wallis, 1952) überprüft. Nachfolgend: Signifikant (sig.): $(p<.001)$, $(p<.01)$, $(p<.05)$ sowie nicht signifikant (n.s.) bzw. $(p>.05)$.

den. Insgesamt lassen sich anhand der Einzel-Scores auf beiden Dimensionen signifikante Unterschiede zwischen den Teilnehmern aus der Bauwirtschaft und den Beratern sowie den Finanzierern und den Investoren feststellen. Die Scores der Projektentwickler sind im Mittelfeld angesiedelt. Insgesamt streuen die Scores auf der transaktionalen und der transformationalen Skala (-14 bis $+14$) relativ stark um ihren Mittelwert. Tabelle 4.3 stellt die Mittelwerte (M) und Standardabweichungen (SD) der 5 Akteure für beide Dimensionen dar.

Tab. 4.3 Gesamt-Scores nach Akteuren. (Eigene Darstellung)

	n	Transaktional*		Transformational**	
		M	SD	M	SD
Projektentwickler	28	0,54	5,37	7,89	4,11
Finanzierer	27	2,81	4,38	5,70	6,92
Investoren	107	0,36	5,12	6,01	6,47
Berater	44	−1,43	4,39	9,73	4,22
Bauwirtschaft	32	1,22	5,02	9,06	4,61
Gesamt	*238*	*0,44*	*5,03*	*7,29*	*5,87*

sig. ($p < .01$)*; ($p < .001$)**; Kruskal-Wallis-Test

Darüber hinaus wurde eine Untersuchung nach Hierarchie vorgenommen. Die nachfolgende Tab. 4.4 zeigt die Gesamt-Scores der 5 Akteure differenziert nach Führungskräften und Geführten: Die Führungskräfte ($n=130$) empfinden transaktionale Führung etwas schwächer ($M=0,03$) als die 108 Geführten ($M=0,94$). Im Mittel herrscht ein signifikanter Unterschied ($p<.05$) auf der transformationalen Dimension zwischen den Scores der Führungskräfte ($M=8,52$) und der Geführten ($M=5,81$).

Tab. 4.4 Gesamt-Scores nach Führungskräften und Geführten. (Eigene Darstellung)

	Führungskräfte			Geführte		
	n	TA*	TF**	n	TA**	TF**
Projektentwickler	17	0,41	8,12	11	0,73	7,55
Finanzierer	14	1,71	7,71	13	4,00	3,54
Investoren	58	0,03	7,52	49	0,73	4,22
Berater	20	−1,65	11,10	24	−1,25	8,58
Bauwirtschaft	21	0,19	9,71	11	3,18	7,82
Gesamt	*130*	*0,03*	*8,52*	*108*	*0,94*	*5,81*

n.s. ($p>.05$)*; sig. ($p<.05$)**; Kruskal-Wallis-Test

Legt man die in Kap. 3.4.4 vorgestellte prototypische Matrix von Bass und Avolio (1992; 1993) zugrunde, befinden sich die Führungskräfte insgesamt im moderat transformationalen Segment und die Geführten im Übergang zur Coasting-Kultur. In der Einzelbetrachtung zeigen sich die größten Unterschiede bei den Finanzierern und

Investoren. Hier liegen die Scores der Geführten im Segment der Coasting-Kultur, während die der Führungskräfte eine moderat transformationale Ausprägung haben. Ein ergänzender Vergleich der Scores nach Altersklasse und Hierarchie befindet sich im Anhang (Tab. A13).

Der Kurzdarstellung folgt eine Analyse anhand der Kultur-Prototypen nach Bass und Avolio (1992; 1993) und der Kulturfaktoren nach Heidbrink und Jenewein (2011).

4.4   Analyse des Status quo von transformationaler Führung auf Basis ausgewählter Akteure in der Immobilienwirtschaft

4.4.1   Analyse anhand der Kultur-Prototypen

4.4.1.1   Überblick

In Abb. 4.2 sind die Ergebnisse der 5 immobilienwirtschaftlichen Akteure anhand der Matrix nach Bass und Avolio (1993) abgebildet (vgl. Kap. 3.4.4).

Die meisten Akteure (1–5) liegen im Mittelfeld bzw. am unteren Ende des moderat transformationalen Segments. Die Finanzierer (2) befinden sich im Übergang zur Co-asting-Kultur. Die Gruppe der Immobilieninvestoren (3) wurde zudem nach einzelnen Investorentypen unterteilt (3a–3d). Es fällt auf, dass die beiden untersuchten REITs als einzige Investorentypen deutlich in das Segment der Coasting-Kultur fallen. Im Mittel (TA $M = 0,44$; TF $M = 7,29$) liegen alle Akteure im moderat transformationalen Bereich.

Eine Häufigkeitsverteilung anhand der Kultur-Prototypen über die Stichprobe zeigt, dass die Teilnehmer ihre Unternehmenskultur überwiegend (10,1 %) bzw. moderat (55,9 %) transformational empfinden. Ein Chi-Quadrat-Test ergab einen signifikanten Zu-sammenhang zwischen den Score-Klassen ($p < .001$) (siehe Tab. A14).

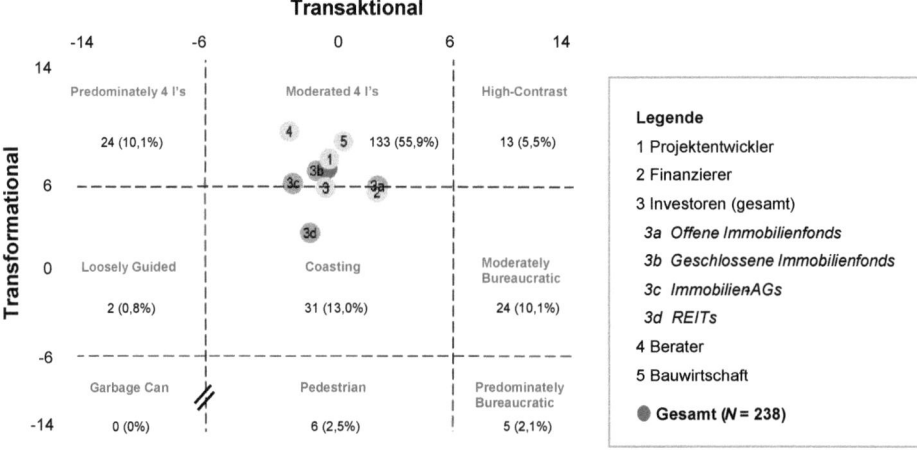

Abb. 4.2 Kultur-Grid aller Akteure. (Eigene Darstellung)

Nachfolgend wird auf aggregierter Basis für jeden Akteur bzw. Unternehmen eine Analyse vorgenommen. Aufgrund des Umfangs und zur besseren Lesbarkeit werden Tabellen nur auszugsweise abgebildet, für weiterführende Angaben wird jeweils auf den Anhang verwiesen. Auf die Darstellung einer Kultur-Matrix pro Unternehmen bzw. für die Hierarchiestufen wurde verzichtet, die Ergebnisse werden jeweils im Text beschrieben.

4.4.1.2   Projektentwickler

Bei den Teilnehmern handelt es sich um 28 Mitarbeiter von 3 Projektentwicklungsunternehmen. Die Befragten empfinden die Führungskultur im Mittel (TA $M=0,54$; TF $M=7,89$) als moderat transformational. Zwischen den Scores der Befragten besteht auf beiden Dimensionen kein signifikanter Zusammenhang ($p>.05$) (Tab. 4.5).

Tab. 4.5 Ergebnis Projektentwickler. (Eigene Darstellung)

Akteur 1	n	Transaktional*		Transformational*	
		M	SD	M	SD
Projektentwickler A	10	0,00	4,03	9,20	2,62
Projektentwickler B	7	−0,29	6,80	8,71	2,93
Projektentwickler C	11	1,55	5,80	6,18	5,38
Gesamt	*28*	*0,54*	*5,37*	*7,89*	*4,11*

n.s. ($p > .05$)*; Kruskal-Wallis-Test

Während in der Stichprobe bei den Unternehmen A und B die transformationale Führungskultur von den Teilnehmern annähernd stark ausgeprägt wahrgenommen wird, liegen die Scores von C leicht niedriger, aber immer noch im moderat transformationalen Bereich. Teilnehmer der Unternehmen A und B haben eine ähnliche Wahrnehmung transformationaler Führung, die Antworten streuen weniger stark als bei Unternehmen C.

In Tab. 4.6 ist die Häufigkeitsverteilung der Scores anhand der Matrix dargestellt.

Tab. 4.6 Kultur-Grid Projektentwickler. (Eigene Darstellung)

$n=28$	Transaktional		
Transformational	− 14 bis − 6	− 5 bis + 5	+ 6 bis + 14
+ 6 bis + 14	Predominately Transformational 3 (10,7%)	Moderately Transformational 17 (60,7%)	High-Contrast 2 (7,1%)
− 5 bis + 5	Loosely Guided 1 (3,6%)	Coasting 1 (3,6%)	Moderately Bureaucratic 3 (10,7%)
− 14 bis − 6	Garbage Can 0 (0%)	Pedestrian 0 (0%)	Predominately Bureaucratic 1 (3,6%)

(sig.); X^2 (4, $N = 28$) = 10,92, $p < .05$ (2-seitig)

Die befragten Projektentwickler empfinden ihre Unternehmenskultur mehrheitlich transformational. Über 70 % der Befragten ($n=20$) nehmen diese entweder überwiegend (10,7 %) oder moderat transformational (60,7 %) wahr, ein Chi-Quadrat-Test ergab einen signifikanten Zusammenhang zwischen den Score-Klassen ($p<.05$). Lediglich 3 Teilnehmer sehen ihre Kultur moderat bürokratisch. Eine Einzelbetrachtung nach Unternehmen zeigt, dass der Anteil überwiegend transformational bei B sogar bei rd. 29 % liegt (A: 10 %; C: 0 %). Eine Analyse nach Hierarchie ergibt folgendes Bild: Führungskräfte ($n=17$) empfinden die Unternehmenskultur überwiegend (17,7 %) bzw. moderat (47,1 %) transformational, bei den Geführten ($n=11$) sind dies 81,8 % (moderat transformational). Führungskräfte beschreiben die Kultur zu 17,7 % moderat bürokratisch (Geführte: 0 %).

4.4.1.3   Finanzierer

Die Scores der Befragten ($n=27$) aus den 3 Pfandbriefbanken liegen im Mittel am unteren Ende des moderat transformationalen Bereichs bzw. an der Grenze zur Coasting-Kultur (TA $M=2,81$; TF $M=5,70$). Die Wahrnehmung transaktionaler Führung ($M=2,81$) ist bei den Teilnehmer deutlicher ausgeprägt als bspw. im Vergleich zu den Projektentwicklern ($M=0,54$). Zwischen den Scores der Teilnehmer besteht auf beiden Dimensionen kein signifikanter Zusammenhang ($p>.05$) (vgl. Tab. 4.7).

Die auf Unternehmensebene aggregierten Scores der Teilnehmer spiegeln keine einheitliche Wahrnehmung der Unternehmens- und Führungskultur wider. Während das Ergebnis von Finanzierer A im moderat transformationalen Bereich liegt, ist dieses bei B und C im Coasting-Bereich angesiedelt.

Die Häufigkeitsverteilung nach Kultur-Prototyp zeigt, dass 59,3 % eine moderat transformationale Führungskultur empfinden, es besteht ein signifikanten Zusammenhang zwischen den Score-Klassen ($p<.05$). Allerdings konstatieren rd. 22 % ($n=6$) ihren Unternehmen eine moderat bürokratische Kultur (siehe Tab. A15). Eine Betrachtung nach Unternehmen ergibt, dass die Befragten von A ihre Kultur zu 70 % moderat transformational einschätzen, während dies bei B und C 55,6 % bzw. 50 % sind. Führungskräfte ($n=14$) beurteilen die Führungskultur zu 78,6 % als moderat transformational, bei den Geführten ($n=13$) liegt die Häufigkeit bei 38,5 %.

Tab. 4.7 Ergebnis Finanzierer. (Eigene Darstellung)

Akteur 2	n	Transaktional*		Transformational*	
		M	SD	M	SD
Finanzierer A	10	2,30	4,00	7,90	6,19
Finanzierer B	9	2,78	4,27	4,11	6,37
Finanzierer C	8	3,50	5,37	4,75	8,43
Gesamt	*27*	*2,81*	*4,38*	*5,70*	*6,92*

n.s. ($p>.05$)*; Kruskal-Wallis-Test

4.4.1.4   Investoren

Die Gruppe der Investoren ($N = 107$) setzt sich aus 27 Unternehmen zusammen. Die Antworten der Teilnehmer weisen insgesamt eine starke Streuung in der Einschätzung transformationalem Führungsverhalten auf. Die Scores zwischen den einzelnen Investorentypen unterscheiden sich dabei auf der transaktionalen Dimensionen signifikant ($p < .05$), auf der transformationalen Dimension besteht kein signifikanter Zusammenhang ($p > .05$). Zwischen den einzelnen Unternehmen innerhalb der Gruppen (bis auf REITs, $p < .01$) ist der Zusammenhang nicht signifikant ($p > .05$) (siehe Tab. A16).

Betrachtet man die Scores der offenen und geschlossenen Immobilienfonds sowie die der Immobilien-AGs, so liegen alle am unteren Ende des moderat transformationalen Bereichs. In einer Einzelbetrachtung bewegen sich bei den offenen und geschlossenen Fonds jeweils 2 Unternehmen stärker im transformationalen Bereich, während je 1 Unternehmen (B und A) eine deutlich geringere Ausprägung im Antwortverhalten auf der transformationalen Dimension aufweist und im Bereich der Coasting-Kultur verortet ist. Die Scores der 5 Immobilien-AGs liegen im mittleren Bereich bzw. am unteren Ende des moderat transformationalen Bereichs ($M = 5,82$ bis $M = 6,75$) (siehe Tab. A16).

Die Gruppe der REITs zeigt ein konträres Bild und wurde daher in Tab. 4.8 en détail nach Unternehmen dargestellt. Während die Teilnehmer von REIT A bei hoher Übereinstimmung ($SD = 2,00$) eine überwiegend transformationale Führungskultur ($M = 9,5$) empfinden, bewegt sich REIT B sowohl auf der transformationalen ($M = -5,67$) als auch transaktionalen ($M = 5,50$) Achse am unteren Ende der Coasting-Kultur bzw. im Übergang zur Pedestrian-Kultur.

Tab. 4.8 Ergebnis Investoren (aggregiert). (Eigene Darstellung)

Akteur 3	n	Transaktional**		Transformational*	
		M	SD	M	SD
Offene Immobilienfonds	32	2,84	4,01	6,13	6,03
Geschl. Immobilienfonds	25	−0,08	4,30	7,12	6,09
Immobilien-AGs	36	−1,25	5,48	6,31	6,03
REITs	14	−0,43	6,09	3,00	8,69
REIT A	*8*	*−4,88*	*3,40*	*9,50*	*2,00*
REIT B	*6*	*5,50*	*2,51*	*−5,67*	*5,75*
Gesamt	*107*	*0,36*	*5,12*	*6,01*	*6,47*

n.s. ($p > .05$)*; sig. ($p < .05$)**; Kruskal-Wallis-Test

In der folgenden Tab. 4.9 ist die Häufigkeitsverteilung der wesentlichen[12] Kultur-Proto-typen für die institutionellen Investoren abgebildet. Teilnehmer offener und geschlossener Fonds empfinden mehrheitlich eine moderat transformationale Unternehmenskultur, nur rd. ein Fünftel nennt keine klare Ausrichtung. Die Immobilien-AGs bewegen sich mittels der Kulturtypologie von Bass und Avolio (1993) im Bereich überwiegend (19,4 %) bzw. moderat (38,9 %) transformational. Das konträre Bild der REITs zeigt sich auch anhand der Kulturtypen: Bei REIT A dominiert eine stark transformationale Führung, während die Teilnehmer von REIT B zum Großteil transaktionale Führung bzw. keine klare Aus-richtung im Führungsverhalten („Coasting") empfinden.

Tab. 4.9 Kultur-Prototypen der Investoren nach Häufigkeiten (aggregiert). (Eigene Darstellung)

	n	Pre. Trans-formational	Mod. Trans-formational	Coasting Culture	Mod. Bure-aucratic	Pedestrian
Offene Immobilienfonds	32	–	53,1 %	18,8 %	12,5 %	–
Geschl. Immobilienfonds	25	12,0 %	60,0 %	20,0 %	4,0 %	–
Immobilien-AGs	36	19,4 %	38,9 %	25,0 %	11,1 %	–
REIT A	8	37,5 %	62,5 %	–	–	–
REIT B	6	–	–	16,7 %	33,3 %	33,3 %
Gesamt*	*107*	*12,2 %*	*47,7 %*	*19,6 %*	*10,3 %*	*3,7 %*

(sig.); X^2 (4, $N = 107$) = 21,22, $p < .001$ (2-seitig)*

Eine aggregierte Betrachtung nach Hierarchie zeigt: Führungskräfte ($n = 58$) empfin-den die Führungskultur mehrheitlich (58,6 %) moderat transformational. Bei den Geführ-ten ($n = 49$) sind dies 34,7 %. 26,5 % nennen keine klare Ausrichtung („Coasting"). Damit weisen die Investoren zusammen mit den Finanzierern die stärkste Abweichung zwischen Führungskräften und Geführten anhand der Kultur-Häufigkeiten auf.

4.4.1.5 Berater

Die 44 Befragten aus den 4 Beratungsunternehmen nehmen die Führungskultur stark transformational (TA $M = -1,43$; TF $M = 9,73$) wahr. Die transaktionale Dimension ist in Relation zu den anderen Akteuren zudem leicht negativ ausgeprägt, was zusätzlich auf eine geringere Wahrnehmung transaktionalen Führungsverhaltens hindeutet. Die Streuung auf beiden Dimensionen liegt unterhalb des Durchschnitts aller Befragten (TA $M = 5,03$ bzw. TF $M = 5,87$; vgl. Tab. 4.3), der Zusammenhang der aggregierten Scores zwischen den Unternehmen ist nicht signifikant ($p > .05$).

---

[12] Kultur-Prototypen mit einem kumulierten Anteil von > 80 %, die Zeilen ergeben daher nicht 100 %. Für eine Detailbetrachtung aller Investoren siehe Tab. A17.

Tab. 4.10 Ergebnis Berater. (Eigene Darstellung)

Akteur 4	n	Transaktional*		Transformational*	
		M	SD	M	SD
Berater A	8	−1,00	5,07	7,75	4,65
Berater B	10	1,20	3,65	10,90	3,38
Berater C	14	−2,36	3,99	9,57	5,32
Berater D	12	−2,83	4,43	10,25	2,93
Gesamt	*44*	*−1,43*	*4,39*	*9,73*	*4,22*

n.s. (p>.05)*; Kruskal-Wallis-Test

Die Häufigkeiten anhand der Kultur-Prototypen spiegeln eine überwiegend bzw. moderat (rd. 80 %) transformationale Unternehmenskultur wider. Der Chi-Quadrat-Test ergibt keinen signifikanten Zusammenhang (p>.05) (siehe Tab. A18). Bezogen auf die 4 Unternehmen der Stichprobe empfinden Teilnehmer von A die Führungskultur mit 50 % am wenigsten moderat transformational, während dies bei B 66,7 %, C 70,0 % sowie D sogar 78,6 % sind. Die befragten Führungskräfte (n=20) schätzen die Führungskultur zu 70 % als moderat transformational, wenngleich dies bei den Geführten (n=24) 66,7 % sind.

4.4.1.6 Bauwirtschaft

Die 32 Teilnehmer der Bauwirtschaft nehmen die Führungskultur ebenfalls überdurchschnittlich transformational wahr (M=1,22; M=9,06). Zwischen den Scores der Teilnehmer besteht kein signifikanter Zusammenhang (p>.05).

Tab. 4.11 Ergebnis Bauwirtschaft. (Eigene Darstellung)

Akteur 5	n	Transaktional*		Transformational*	
		M	SD	M	SD
Bauunternehmen A	10	0,20	4,89	10,30	3,68
Bauunternehmen B	13	2,69	5,71	7,08	5,98
Bauunternehmen C	3	−1,33	1,53	9,67	2,89
Bauunternehmen D	6	1,00	4,73	11,00	0,63
Gesamt	*32*	*1,22*	*5,02*	*9,06*	*4,61*

n.s. (p>.05)*; Kruskal-Wallis-Test

Teilnehmer von Unternehmen D weisen im Vergleich zu allen anderen Unternehmen der Stichprobe den höchsten Gesamt-Score bei gleichzeitig relativ geringer Streuung auf.

Eine Analyse anhand der Kulturtypen ergibt für die Teilnehmer aus der Bauwirtschaft ebenfalls eine moderat transformationale Führungskultur (M=59,4 %), der Chi-Quadrat-Test zeigt keinen signifikanten Zusammenhang (p>.05). Insgesamt 5 der Befragten (15,6 %) sehen sich in einer sehr ambivalenten Unternehmenskultur, die Bass und Avolio

(1992; 1993) auch als „High-Contrast"-Kultur bezeichnen und bei der die sehr stark trans-aktionalen die positiven transformationalen Elemente aufheben (siehe Tab. A19).

Die geringe Streuung bei den Antworten von Bauunternehmen D spiegelt sich auch in den Kultur-Häufigkeiten wider: 83,3 % der Mitglieder sehen ihre Führungskultur als moderat transformational. Unternehmen B weist mit 38,5 % Zustimmung den niedrigsten Wert auf. Alle Teilnehmer von Unternehmen C schätzen die Führungskultur als moderat transformational ein, 60 % von Unternehmen A. Die Führungskräfte ($n=21$) der befragten Bauunternehmen beurteilen die Führungskultur zu 66,7 % als moderat transformational wahr, während dies bei den Geführten ($n=11$) nur 45,5 % sind.

4.4.2   Analyse anhand der Diskriminierungsfaktoren

Für die folgende Betrachtung wurden die 28 Fragen des ODQ den zehn Diskriminierungs-faktoren von Heidbrink und Jenewein (2011) zugeordnet. Die Zuordnung erfolgte durch den Autor dieser Arbeit intuitiv-logisch bzw. heuristisch (siehe Tab. A2 und Tab. A4). Aus methodischer Sicht wäre allerdings anhand einer Korrelationsmatrix und einer weiter-gehenden explorativen Faktorenanalyse (Backhaus, Erichson, Plinke, & Weiber, 2011, S. 249) zu prüfen, ob sich diese Items über Interkorrelationen der Vielfalt von Zieldimen-sionen (auch semantisch) zuordnen lassen. Auf eine weitergehende Durchführung der ex-plorativen Faktorenanalyse wurde jedoch verzichtet, um den Rahmen dieser Arbeit nicht zu sprengen. Um die Aussagen in einem zweiten Schritt über die Stichprobe hinaus ver-allgemeinern zu können, wäre darüber hinaus ein Signifikanztest vorzunehmen.

Die Betrachtung[13] erfolgt jeweils in gleicher Abfolge mittels der unter Kap. 3.4.4 vor-gestellten Kulturfaktoren. Im Verlauf der Analyse werden nicht alle Dimensionen detail-liert betrachtet, da insbesondere zu den Kulturfaktoren Organisationszweck, Riten und Legenden sowie Kontrolle und Vertrauen übergreifende Gemeinsamkeiten bestehen.

4.4.2.1   Projektentwickler

Die Befragten ($n=28$) empfinden weit überwiegend (79 %) ein gemeinsames Ziel in ihrer Tätigkeit, 75 % bestätigen das Streben der Organisation nach Exzellenz und 82 % stimmen zu, dass die Organisation ermutigt, Zukunftschancen in Betracht zu ziehen.

In Bezug auf die Organisationsstruktur sehen die Befragten überwiegend eine klare in-terne Struktur von Dienst- und Kommunikationswegen, 61 % bestätigen, dass diese nicht umgangen werden dürfen. Entscheidungswege sind stark formalisiert, 79 % stimmen zu,

---

[13] Bei der Analyse wurden die Fragen des ODQ paraphrasiert und die Prozentwerte auf ganze Zahlen gerundet, um eine bessere Lesbarkeit zu gewährleisten. Für eine Übersicht des Antwortverhaltens (in %) siehe Tab. A20 bis Tab. A25 (nach den 5 Akteuren) bzw. Tab. A26 bis Tab. A31 (nach den Investorentypen).

dass es einen mehrstufigen Autorisierungsprozess benötigt, bevor gehandelt werden kann. Ein kurzfristiger Zugang zu Schlüsselpersonen wird mehrheitlich bestätigt.

Aus den Antworten der Fragen die dem Faktor Organisationsdynamik zugeordnet wurden, ergibt sich kein eindeutiges Bild. Die Teilnehmer bestätigen zu zwei Drittel, dass innerhalb der Organisation kontinuierlich nach Optimierungsmöglichkeiten von Arbeitsprozessen gesucht wird. Etwa die Hälfte verneint, dass Veränderungen mit starkem Widerstand begegnet wird. Allerdings bejahen nur 32 % Begeisterung bei der Aufnahme neuer Ideen und die Mehrheit (79 %) gibt an, dass Entscheidungen auf vorangegangene Fälle gestützt werden.

Von den Befragten bestätigen die Hälfte den Austausch über Erfolge, 25 % verneinen, dass Geschichten über bewältigte Herausforderungen geteilt werden.

Die Arbeitsautonomie ist nicht eindeutig ausgeprägt, wobei sich tendenziell ein transaktionaler Eindruck ergibt. 68 % der Befragten bejahen, dass die Abweichung von Standardprozessen ohne Autorisierung zu Problemen führen kann. Eine geringe Autonomie lässt sich auch an einem umfassenden Regelwerk ableiten, was 57 % der Befragten als Einschränkung in ihrem Handeln wahrnehmen. Für ein selbstständiges Arbeiten spricht, dass nur ein Drittel bestätigt, dass Aufgaben im Vorfeld exakt definiert werden, 39 % verneinen dies. Im Spannungsfeld von Kontrolle und Vertrauen empfinden die Befragten eine deutlich transformationale Führungskultur. Vertrauen untereinander wird bestätigt (68 %), die Förderung von Eigeninitiative bejaht (75 %) und Fehler werden intern als Gelegenheit zum Lernen gesehen (82 %). 43 % stimmen zu, dass es ein ungeschriebenes Gesetz ist, Fehler zuzugeben und aus diesen zu lernen. Hierbei fällt auf, dass die verbleibenden Teilnehmer die Frage nicht etwa verneinen (18 %), sondern keine Aussage treffen (39 %). Etwa 46 % sind nicht der Meinung, dass (ein bis zwei) Fehler der Karriere schaden können, 43 % treffen hierzu keine Aussage.

Das Stimmungsbild der Befragten zur internen Kooperation ist tendenziell transaktional orientiert, 68 % bestätigen, dass über Ressourcen intern verhandelt wird. Allerdings verneint die Hälfte in Bezug auf diese Ressourcen in Wettbewerb treten zu müssen.

Bei den befragten Projektentwicklern steht ein kollektiver Gedanke im Vordergrund. 82 % stimmen zu, dass sich die Kollegen besondere Mühe zum Wohle des Teams, der Abteilung und/oder der Organisation geben. Darüber hinaus empfinden 61 %, dass ein starkes Zugehörigkeitsgefühl gefördert wird. Jenseits von Ressourcen herrscht eine große Hilfsbereitschaft, 89 % bejahen, dass man bei Unsicherheit Hilfe bekommt.

Fragen, die auf die Wahrnehmung des Führungsstils bzw. -klimas abzielen, zeigen transaktionale und transformationale Elemente. Das Prinzip von einem reinen Austausch von Leistung und Gegenleistung wird von 36 % verneint, die Hälfte macht hierzu keine Aussage. 21 % der Befragten sind der Meinung, dass die Kollegen zögerlich sind zu sagen, was sie wirklich denken, 43 % treffen keine Aussage. 71 % bestätigen, dass Beförderung oder Leistungen von individuellen Fähigkeiten abhängen.

4.4.2.2 Finanzierer

Auch bei den befragten Finanzierern ($n=27$) steht ein gemeinsames Ziel weit überwiegend im Vordergrund. Allerdings sieht sich nur knapp jeder Zweite durch die Organisation in der Wahrnehmung von Zukunftschancen ermutigt, 37% verneinen dies.

Etwa die Hälfte der Befragten bestätigt, dass der Dienstweg nicht umgangen werden darf. Entscheidungswege im Sinne von Autorisierungsinstanzen werden vorwiegend bürokratisch eingeschätzt (78%). 81% sind der Meinung, dass Entscheider zeitnah ansprechbar sind bzw. der Verantwortung nicht aus dem Weg gegangen wird (52%).

Die Befragten Finanzierer sehen neuen Ideen verhalten (26%) entgegen bzw. sind 37% der Meinung, dass Ideen nicht mit Begeisterung aufgenommen werden. Allerdings bestätigen 74%, dass stetig nach Verbesserungen von Arbeitsweisen gesucht wird. 41% antworten, dass es keinen starken Widerstand gegen die Veränderung von Handlungsweisen gibt. 60% stimmen zu, dass sich über vergangene Erfolge unterhalten wird.

Die Arbeitsautonomie ist gering ausgeprägt. 70% der Befragten stimmen zu, dass die Abweichung von Standardprozessen ohne Autorisierung zu Problemen führen kann. Ebenfalls 70% stimmen zu, dass freies Handeln durch Regeln und Abläufe eingeschränkt wird. Die Hälfte der Personen bestätigt, dass im Vorfeld genau vereinbart wird, was jeder zu tun hat, 41% verneinen dies.

Vertrauen wird überwiegend wahrgenommen; 56% bestätigen, dass Eigeninitiative gefördert wird. Fehler werden vorwiegend als Möglichkeit zum Lernen gesehen (78%), die Hälfte ist nicht der Meinung, dass Fehler der Karriere schaden können.

Das Stimmungsbild der Finanzierer zur internen Kooperation konstatiert weit überwiegend, dass interne Ressourcen miteinander verhandelt werden (78%) bzw. dass ein interner Wettbewerb um Ressourcen besteht (56%). Ein kollektiver Gedanke und ein starkes Zugehörigkeitsgefühl stehen darüber hinaus im Vordergrund.

Bezogen auf den allgemeinen Führungsstil sehen 41% die Unternehmenskultur als Marktplatz („man bekommt was man verdient"), 33% verneinen dies. Über die Hälfte der Befragten ist der Meinung, dass Kollegen nicht offen ihre Meinung zum Ausdruck bringen. Dennoch stimmen 63% der Finanzierer zu, dass Beförderungen oder Leistungen von Eigeninitiative und individuellen Fähigkeiten abhängen.

4.4.2.3 Investoren

Bei der Betrachtung der Investoren ($n=107$) wird, aufgrund der unterschiedlichen Teilgruppen von offenen (oIF, $n=32$) und geschlossene Immobilienfonds (gIF, $n=25$) sowie Immobilien-AGs (IAG, $n=36$), nur auf die wesentlichen Aspekte eingegangen. REITs sollen nicht betrachtet werden, da sich die Teilnehmer ($n=14$) der beiden befragten Unternehmen komplett konträr verhalten (vgl. Kap. 4.4.1.4). Es wird davon ausgegangen, dass hierfür unternehmensspezifische Gründe vorliegen.

Ein gemeinsames Ziel zugunsten des Organisationserfolgs wird von über 70% der Investoren bestätigt. Über drei Viertel stimmt der Frage zu, dass die Mitglieder, in ihrem Handeln bestrebt sind, die Besten zu sein. 70% der Personen sieht sich durch die Organisation in der Wahrnehmung von Zukunftschancen ermutigt.

Im Durchschnitt bestätigen 39 %, dass es nicht erlaubt ist, Dienst- und Kommunikationswege zu umgehen (oIF: 44 %; gIF: 40 %; IAG: 33 %), bei keinem Investor gibt es eine gegenteilige Mehrheit. Entscheidungswege und der Zugang zu Experten bzw. Schlüsselpersonen stellt sich wie folgt dar: Fast alle Befragten (91 %) der offenen Fonds bestätigen, dass Entscheidungen mehrere Instanzen durchlaufen müssen, bevor gehandelt werden kann. Ein ähnlich hierarchisches Empfinden haben die Befragten der geschlossenen Fonds (76 % Zustimmung). Bei den Immobilien-AGs ist dies mit 56 % etwas moderater ausgeprägt, 38 % verneinen die Frage. Alle Befragten stimmen weitgehend überein, dass Entscheider zeitnah ansprechbar sind (oIF: 56 %; gIF: 68 %; IAG: 78 %).

Die Antworten der Befragten lassen den Rückschluss zu, dass sich Entscheidungen auf vorangegangene Fälle beziehen und damit eine eher geringe Organisationsdynamik vorherrscht (oIF: 66 %; gIF: 88 %; IAG: 81 %). Die Aufnahme neuer Ideen erfolgt bei den Investoren verhalten (oIF: 34 %; gIF: 28 %; IAG: 36 %), allerdings konstatiert die überwiegende Mehrheit (> 75 %), dass stetig nach Verbesserungen von Arbeitsweisen gesucht wird. Während bei den geschlossenen Fonds und den Immobilien-AGs nur rd. jeder Fünfte der Meinung ist, dass es starken Widerstand gegen die Veränderung von alten Handlungsweisen gibt, bejahen dies die Hälfte der Befragten aus offenen Fonds.

Die Investoren empfinden eine geringe Arbeitsautonomie, transaktionale Elemente überwiegen. Alle stimmen mehrheitlich zu, dass die Abweichung von Standards ohne Autorisierung zu Problemen führen kann. Eine bürokratische Arbeitsweise lässt sich auch an vorhandenen Regeln und Strukturen erkennen, 72 % der offenen Fonds stimmen zu, dass durch Regeln und Abläufe freies Handeln eingeschränkt wird. Bei geschlossenen Fonds und Immobilien-AGs sind dies 44 % bzw. 47 %. Etwa die Hälfte der Teilnehmer offener und geschlossener Fonds bejahen, dass Zuständigkeiten im Vorfeld genau vereinbart werden. Bei den Immobilien-AGs sind dies nur ein Drittel. Gegenseitiges Vertrauen wird von allen Investoren mehrheitlich bestätigt, ebenso die Förderung von Eigeninitiative.

Die Teilnehmer sind größtenteils (oIF: 72 %; gIF: 56 %; IAG: 58 %) der Auffassung, dass Ressourcen verhandelt werden; einen Wettbewerb um Ressourcen bekräftigen nur 33 %.

Alle bestätigen überwiegend einen kollektiven Gedanken, die Förderung eines starken Zugehörigkeitsgefühls und eine hohe gegenseitige Hilfsbereitschaft. In Bezug auf den Führungsstil und das Führungsklima nehmen die Investoren der offenen Fonds und der Immobilien-AGs ihre Unternehmenskultur mehrheitlich nicht als Marktplatz wahr. Bei den geschlossenen Fonds sind dies nur 36 %, wobei hierzu 40 % keine Angaben machen. Die Frage, inwiefern Kollegen zögern ihre Meinung zu sagen, was sie wirklich denken, wird wie folgt bestätigt: oIF: 44 %; gIF: 24 %; IAG: 42 %. Die höchste Ablehnung findet sich bei den geschlossenen Fonds mit 60 %. Alle Befragten stimmen vornehmlich zu, dass Beförderungen oder Leistungen von individuellen Fähigkeiten abhängen.

4.4.2.4 Berater

Ein gemeinsames Ziel zugunsten der Organisation bestätigen nahezu alle (91 %) Immobilien-Dienstleister ($n = 44$). Ebenfalls eine sehr hohe Zustimmung besteht in der Absicht, bei allem die Besten sein zu wollen (95 %) und in der Ermutigung durch die Organisation, Zukunftschancen in Betracht zu ziehen (86 %).

Etwa jeder Zweite (48 %) stimmt zu, dass interne Dienst- und Kommunikationswege nicht umgangen werden dürfen, immerhin 41 % sind nicht dieser Auffassung. Die Entscheidungswege werden, im Gegensatz zu bspw. den Projektentwicklern und den Finanzierern, von über der Hälfte (52 %) als unabhängig von Instanzen und damit eher transformational eingestuft. Entscheidungsträger sind zeitnah verfügbar (73 %), Verantwortung für die eigene Arbeit (59 %) wird übernommen. Die Befragten sehen ihre Organisation dynamisch, 55 % bestätigen, dass neue Ideen mit Begeisterung aufgenommen werden und Arbeitsprozesse stetigen Verbesserungen unterliegen (86 %). 70 % sehen keinen Widerstand alte Arbeitsweisen zu verändern.

Im Vergleich bestätigen nur 36 % der Befragten, dass die Abweichung von Standards zu Problemen führen kann, 32 % verneinen dies. Fast zwei Drittel der Berater fühlen sich nicht durch Regeln und Abläufe eingeschränkt; 55 % empfinden eine weitgehend autonome Arbeitsweise. Die Wahrnehmung von Vertrauen untereinander und interner Kooperation folgt dem Antwortverhalten der anderen Akteure.

Der Führungsstil ist ebenfalls eher transformational ausgerichtet, knapp die Hälfte (48 %) verneint den reinen Austausch von Leistung und Gegenleistung. Kollegen kommunizieren ihre Meinung offen. Es besteht eine überwiegende Zustimmung (84 %), dass Beförderungen oder Leistungen von Eigeninitiative und eigenen Fähigkeiten abhängen.

4.4.2.5 Bauwirtschaft

Die Teilnehmer aus der Bauwirtschaft ($n = 32$) bestätigen, wie die Berater, die Fragen zum gemeinsamen Organisationszweck fast einstimmig transformational. Die Organisationsstrukturen sind hingegen tendenziell transaktional ausgerichtet. 63 % bejahen, dass interne Dienst- und Kommunikationswege nicht umgangen werden dürfen. Ebenfalls über 60 % bekräftigen, dass Entscheidungen mehrere Instanzen durchlaufen müssen, bevor gehandelt wird. Entscheidungen werden dabei weit überwiegend auf vorherige Fälle gestützt (78 %). Allerdings sind Entscheidungsträger zeitnah verfügbar (56 %) und die Befragten verneinen (66 %), dass keine Verantwortung für die eigene Arbeit übernommen wird.

Betrachtet man die Organisationsdynamik, bescheinigen 38 %, dass neue Ideen mit Begeisterung aufgenommen werden, 41 % treffen keine Aussage. Die stetige Verbesserung von Prozessen wird von 84 % bejaht; 53 % sehen keinen Widerstand vorhandene Handlungsweisen zu verändern. Den Austausch über vergangene Erfolge bestätigen 69 %.

Die Befragten aus der Bauwirtschaft sind überwiegend (69 %) der Meinung, dass Abweichungen von Standards zu Problemen führen können. Über die Hälfte empfinden vorhandene Regeln als Einschränkung, die Arbeitsautonomie ist gering. Jeder Zweite bestätigt, dass Tätigkeiten im Vorfeld definiert werden. Die positive Rückmeldung zu Kooperation und Vertrauen der anderen Akteure wiederholen sich.

Einen Führungsstil, bei dem jeder das bekommt was er verdient, verneinen 50 % der Befragten, 31 % legen sich nicht fest. 41 % sind der Meinung, dass Kollegen nicht offen sagen was sie denken, 47 % verneinen dies. Überwiegend wird bestätigt, dass Beförderungen und Leistungen von Eigeninitiative und individuellen Fähigkeiten abhängen.

4.4.3   Zusammenfassung

In Kap. 4.4 wurde der Status quo transformationaler Führungskultur anhand des ODQ (Scoring, Häufigkeiten) sowie anhand der Kulturfaktoren analysiert.

Der *Gesamt-Score* aller Teilnehmer in der Stichprobe liegt im Mittel bei 0,44 auf der transaktionalen und bei 7,29 auf der transformationalen Dimension und damit nach Bass und Avolio (1992) im moderat transformationalen Segment. Ein Vergleich zeigt, dass bspw. die befragten Berater ($M=9,73$) höhere Scores auf der transformationalen Dimension aufweisen als die Finanzierer ($M=5,70$) und die Investoren ($M=6,01$). Auf der transaktionalen Dimension liegen alle Akteure in einer relativ engen Bandbreite zwischen $M=-1,43$ (Berater) und $M=2,81$ (Finanzierer). Bewegt man sich auf die Aggregationsebene der Unternehmen, so fallen Einzelne (bspw. bei den Finanzierern) in den Bereich der Coasting-Kultur oder einer überwiegend bürokratischen Kultur (REIT B). Eine Auswertung der *Häufigkeitsverteilung* nach Kultur-Prototyp ergab, dass sich die Mehrheit der Teilnehmer dem überwiegend (10,1 %) bzw. moderat (55,9 %) transformationalen Segment zuordnen lässt. Entgegen der ursprünglichen Hypothese, konnte kein entsprechendes Ergebnis („Score") bzw. eine Häufigkeitsverteilung in den prototypisch transaktionalen Kultursegmenten festgestellt werden. Lediglich 13 % der Befragten empfinden die Führungskultur als „Coasting", was Bass und Avolio (1993) als eine Kultur ohne klaren Fokus und einer Orientierung am Status quo charakterisieren. Die Einzel-Scores der Akteure liegen auf der transformationalen Dimension in einer Bandbreite von $M=5,70$ (Finanzierer) bis $M=9,73$ (Berater) und unterscheiden sich signifikant ($p<.01$).

Weitere Rückschlüsse insbesondere im Hinblick auf transaktionale Charakteristika ergaben sich aus der Analyse der *Diskriminierungsfaktoren*, wobei auf eine Überprüfung der Zuordnung anhand einer explorativen Faktorenanalyse verzichtet wurde. Tab. 4.12 fasst nachfolgend die Ergebnisse zusammen, in der für jeden Kulturfaktor für das transaktionale oder transformationale Kontinuum eine Einordnung vorgenommen wurde.

Tab. 4.12 Ergebnis der Kulturfaktoren nach Dimension und Akteur. (Eigene Darstellung)

	Projekt-entwickler	Finan-zierer	Investoren	Berater	Bauwirt-schaft
Organisationszweck	TF	TF	TF	TF	TF
Organisationsstruktur	TA	TA	TA	TA/TF	TA
Entscheidungswege	TA/TF	TA/TF	TA/TF	TF	TA/TF
Organisationsdynamik	TA/TF	TA/TF	TA/TF	TF	TA/TF
Riten & Legenden	TF	TF	TF	TF	TF
Arbeitsautonomie	TA	TA	TA	TF	TA
Kontrolle vs. Vertrauen	TF	TF	TF	TF	TF
Kooperationsformen	TA/TF	TA	TA/TF	TA/TF	TA/TF
Individual vs. Kollektiv	TF	TF	TF	TF	TF
Führungsstil	TA/TF	TA/TF	TA/TF	TF	TA/TF

Legende: Transformational (TF), Transaktional (TA). Die Farben dienen der grafischen Hervorhebung.

Bei der Gesamtheit der Akteure steht ein gemeinsames Ziel im Mittelpunkt, die Teilnehmer streben nach Exzellenz und blicken positiv in die Zukunft. Alle Akteure sprechen über vergangene Erfolge und Herausforderungen, die bewältigt wurden. Es herrscht insgesamt eine Kultur des Vertrauens und kollektive Interessen stehen im Vordergrund. Eine eher transaktionale Kultur findet sich in Bezug auf die oft bürokratische Organisationsstruktur, langwierige Entscheidungswege und einer starren Rollen- und Arbeitsverteilung zu Lasten individueller Autonomie. Die interne Kooperation in Form von Unterstützung bei Problemen herrscht zwar vor, bei der Frage nach der Verfügbarkeit von Ressourcen zeigen sich jedoch transaktionale Aspekte. Der Führungsstil ist, wie bereits angedeutet, von sowohl transformationalen (Austauschprinzip, offene Kommunikation) als auch transaktionalen (Leistungsprinzip) Elementen geprägt.

Die Analyse der Ergebnisse nach Führungskräften und Geführten ergibt kein klares Bild. Während in der Stichprobe bei den Beratern die Teilnehmer beider Hierarchielevel überwiegend eine moderate transformationale Führungskultur verspüren und bei den Projektentwicklern die Geführten die Führungskultur sogar etwas besser als die Führungskräfte einschätzen, besteht bei den anderen Akteuren (Finanzierer und Investoren) eine Diskrepanz. Bei den Immobilien-AGs und den offenen Fonds empfinden rd. ein Viertel der Mitarbeiter ihre Führungskultur als „Coasting" und damit ohne klare Richtung. Mitarbeiter der Finanzierer beurteilen die Führungskultur zu rd. 40 % als moderat transaktional.

Im Ergebnis kann zusammengefasst werden, dass auf Basis der Stichprobe die Führungskultur eher moderat transformational geprägt ist. Transaktionale Elemente äußern sich für die Befragten in klaren Strukturen und fest definierten Kommunikations- und Entscheidungswegen sowie Einschränkungen bei Autonomie und Organisationsdynamik.

Damit weisen die befragten Akteure Charakteristika auf, die in der Theorie als „ideale" Unternehmens- und Führungskultur gelten. Diese sind eben nicht durch ein rein transformationales Verhalten („predominately") geprägt, da vor allem bei einem Mangel an transaktionaler Führung notwendige Routinen und Prozesse unzureichend definiert sind und Erwartungen unklar kommuniziert werden (Heidbrink & Jenewein, 2011, S. 19–21). Bass und Avolio (1992, S. 16) führen hierzu aus, dass sich Unternehmen durchaus in eine transformationale Richtung bewegen, dabei allerdings effektive transaktionale Qualitäten beibehalten sollten. Auch Bass und Riggio (2006, S. 106–107) erläutern, dass eine effektive Unternehmenskultur Komponenten beider Dimensionen verinnerlicht. Während die transaktionale Seite höheren Wert auf Vereinbarungen, Austausch und Belohnungskontingente biete, würden transformationale Aspekte wie Commitment, Zufriedenheit und Extraleistung ergänzt. Hieraus ergäben sich einerseits die notwendigen Strukturen, um vorhersehbar agieren zu können und andererseits ein Umfeld, was nicht in Bürokratie verfalle. Vor diesem Hintergrund vergleichen die Autoren eine moderat transformationale Kultur mit der erfolgreichen „Adaptive Culture" nach Kotter und Heskett (1992). Die faktische Leistungsfähigkeit, die aus der Kombination transaktionaler und transformationaler Führungselemente erwächst, konnte dabei bereits empirisch nachgewiesen werden (Parry & Proctor-Thomson, 2001; Morhart, Herzog, & Tomczak, 2009).

Folgt man vor diesem Hintergrund den Ergebnissen der Stichprobe, so müsste es sich nach Lee (2012, S. 82) bei den befragten Unternehmen bereits um die „best-in-class" Unternehmen der Branche handeln, da diese bereits eine Reihe von Herausforderungen transformationaler Führung adaptierten. Handelt es sich bei den befragten Unternehmen überwiegend um die „best-in-class"? Eine kritische Würdigung der bisherigen Ergebnisse soll dies nachfolgend beleuchten.

4.5 Kritische Würdigung der Ergebnisse

4.5.1 Vorbemerkung

Die befragten Teilnehmer empfinden mehrheitlich eine moderat transformationale Führungskultur. Dies erscheint zunächst ungewöhnlich, da das Umfeld der Immobilienwirtschaft durch einen hohen internen Wettbewerbsdruck gekennzeichnet ist, was sich über Veränderungsprozesse auf die organisatorische Entscheidungs- und Führungsstrukturen auswirkt (Flohr, 2011) und sich in einer starken Arbeitsbelastung (zeitlicher Druck, Stellenabbau etc.) zeigt. Vor diesem Hintergrund wurde bei den Akteuren bzw. Teilnehmern von einem eher transaktionalen Führungsverhalten bzw. einer geringeren Zufriedenheit (vgl. Kap. 3.3.1) ausgegangen. Auch andere Autoren begegnen hohen Zufriedenheitsquoten von „mindestens zwei Drittel" (Gebert & Rosenstiel, 2002, S. 85) oder „von ca. 60–90 % " (Büssing, Bissels, Krüsken, & Herbig, 1997, S. 2) mit grundsätzlichen Bedenken und Zweifeln an der Messmethodik. Daher sollen die Ergebnisse der Stichprobe anhand von drei Gesichtspunkten einer kritischen Würdigung unterzogen werden:

1. Das Befragungsinstrument weist methodische Schwächen auf, die eine Überschätzung transformationalen Führungsverhaltens zur Folge hat (Kap. 4.5.2).
2. Die strukturelle Abgrenzung und Ansprache der Akteure sowie der zugehörigen Teilnehmer hat zu einer Verzerrung der Ergebnisse geführt (Kap. 4.5.3).
3. Es besteht eine Diskrepanz in der sozialperspektivischen Wahrnehmung der Teilnehmer und der Realität („Eigen- versus Fremdwahrnehmung"). Hieraus könnte eine Überschätzung transformationaler bzw. eine Unterschätzung transaktionaler Führungskultur resultieren (Kap. 4.5.4).

Die Ergebnisse könnten jedoch auch das reale, objektive Führungsverhalten beschreiben:

4. Die Ergebnisse spiegeln die Realität einer moderat transformationalen Führungskultur wider, anhand derer sich für jeden immobilienwirtschaftlichen Akteur mögliche Gründe identifizieren und Herausforderungen ableiten lassen (Kap. 4.6).

4.5.2   Methodische Überlegungen zum Befragungsinstrument

Bei dem von Bass und Avolio (1992) entwickelten ODQ handelt es sich um das einzige Instrument, welches in Analogie zum FRL-Modell Führungs- und Unternehmenskultur zweidimensional misst (Heidbrink & Jenewein, 2011, S. 19). Im Vergleich zu anderen Messinstrumenten von Unternehmenskultur, ist der ODQ mit 28 Fragen und einer Beantwortungsdauer von rd. 5 Minuten[14] ein intuitiv-praxisorientiertes Instrument mit einem vertretbaren Aufwand für die Teilnehmer.

In einer Validierungsstudie ($N = 1354$) von Parry und Proctor-Thomson (2001, S. 116–117) weist der ODQ eine hohe Reliabilität[15] und interne Konsistenz für die Skalen transformationaler (.88) sowie transaktionaler Unternehmenskultur (.74) auf. Dabei steigt die Reliabilität der transaktionalen Skala auf .79, wenn Item 19 weggelassen würde. In der vorliegenden Untersuchung ($N = 238$) lag Cronbachs Alpha bei .68 auf der transformationalen und .67 auf der transaktionalen Skala ($p < .001$)[16]. Damit ist der Wert unter dem in der Literatur üblicherweise angegebenen Bereich von $\geq 0{,}7$ (Nunnally, 1978, S. 245).

Es wird angenommen, dass die Gründe für eine geringere interne Konsistenz-Reliabilität bzw. Itemtrennschärfe in der kleineren Stichprobe (Watkins, 2008, S. 127) und einer größeren Homogenität der Vergleichsstudie von Parry und Proctor-Thomson (2001) liegen, die nur Führungskräfte umfasst und sich auf eine einheitliche Datengrundlage[17] stützt. Die interne Reliabilität anhand der Stichprobe würde sich leicht verbessern, wenn Item 1 (.70), Item 7 (.67) und Item 19 (.68) weggelassen würden. Die Reliabilität würde auf .72 steigen, wenn alle drei Fragen entfernt würden. Eine ähnliche Datenlage ($N = 112$) findet sich bei Watkins (2008, S. 84). Bass und Riggio (2006, S. 105) nennen Alphas von .60 für die transaktionale und .77 für die transformationale Skala.

Nach Parry und Proctor-Thomson (2001, S. 119–120) korreliert die transformationale Dimension des ODQ positiv mit „individual social processes of leadership" (.44) und „organizational effectiveness" (.39). Auf der transaktionalen Dimension besteht ein negativer Zusammenhang mit „organizational effectiveness" (-.34) sowie „individual social processes of leadership" (-.35). Die beiden Dimensionen korrelieren analog mit „role conflict" (transformational -.32; bzw. transaktional .35). Darüber hinaus weist der ODQ bei Führungskräften eine hohe Korrelation mit drei Maßeinheiten des MLQ, hierzu gehören Inspiration (-.35), individuelle Behandlung (-.24) und Charisma (-.22) (Corrigan, Diwan, Campion, & Rashid, 2002, S. 102–103).

Insgesamt kann für den ODQ neben einer guten internen Konsistenz eine konvergente Validität sowie eine theoretische Fundierung abgeleitet werden.

---

[14] $M = 5{,}04$; $SD = 1{,}29$. Inklusive der Fragen zu Alter, Hierarchie und Funktion (siehe Tab. A32).

[15] Cronbachs Alpha, $p < .001$.

[16] Für die Item-to-Total-Korrelation siehe Tab. A33 bzw. A34.

[17] Datenbasis war eine Mitgliederliste des „National Institute of Management" bzw. des „National Institute of Public Administration" (Parry & Proctor-Thomson, 2001, S. 115).

Während die transformationale Dimension in der empirischen Validierung überwiegend gute Ergebnisse erzielte, weisen Heidbrink und Jenewein (2011, S. 12) darauf hin, dass die transaktionale Dimension fast keine Streuung aufweist. Auch Bass, Avolio und Jung (1999, S. 455) sehen konzeptionelle Überschneidungen zwischen beiden Dimensionen und stellen fest, dass diese keine sich ausschließenden Konstrukte darstellen. Parry und Proctor-Thomson (2001, S. 117–118) merken weiter an, dass die Komponenten der transaktionalen Dimension unterrepräsentiert sind und aufgrund der stark negativen Korrelation (-.61) zwischen beiden Dimensionen eine zu starke Dichotomie herrscht[18]. Weiter berichten Parry und Proctor-Thomson (2001, S. 117–118), auch vor dem Hintergrund ihrer durchgeführten Faktorenanalyse, von weiterem Forschungsbedarf im Hinblick auf die Dichotomie der beiden Dimensionen.

Die Analyse und Auswertung sowie die Einordnung der Scores in verschiedene Segmente der Kultur-Matrix basiert zudem auf einem Expertensystem von Bass und Avolio (1992), wobei insbesondere die gewählten „Cut-Off-Grenzen" der Score-Klassen[19] Ergebnisse einer nur schwer überprüfbaren empirischen Evaluation der Autoren sind.

Die Kritik am ODQ kann daher grundsätzlich nachvollzogen werden, bspw. im Zusammenhang mit der Streuung der Antworten, dimensionaler Dichotomie und der Intransparenz bei der Interpretation. Insgesamt stellt der ODQ für die vorliegende Betrachtung jedoch ein reliables und valides Instrument dar, welches auch bei vergleichbaren Studien mit einem stark heterogenen Teilnehmerfeld und verschiedenen Branchen (Watkins, 2008; Amburgey, 2005; Hancock, 2008; O'Connell, 2008; Toor & Ofori, 2009) als Grundlage zur Untersuchung von transaktionaler und transformationaler Führungs- und Unternehmenskultur verwendet wurde.

4.5.3 Struktur der Akteure, Unternehmen und Teilnehmer

Die Akteure wurden aus dem Modell immobilienwirtschaftlicher Aktivität nach Diaz (1993) abgeleitet. Der Ausschluss von Institutionen, wie der öffentlichen Hand und von Immobiliennutzern, wurde ausführlich begründet. Ein verändertes Ergebnis durch deren Inkludierung kann jedoch nicht ausgeschlossen werden und sollte Gegenstand weiterer Untersuchungen sein.

Innerhalb der Gruppe einzelner *Akteure* wäre bspw. eine Adjustierung des heterogenen Segments der Berater vorstellbar. Im Gegensatz zu der gewählten Fokussierung auf internationale Immobilien-Dienstleister, wäre eine Einbeziehung von Planern, Projektsteuerer,

---

[18] Die vorliegende Datenlage ergab mit -.49 (Spearman's r) einen geringeren Zusammenhang. Die Korrelation ist signifikant ($p < .01$, 2-seitig).

[19] In der ursprünglichen Veröffentlichung des ODQ-Manuals von Bass und Avolio (1992) wurde der mittlere Scoringbereich noch mit -6 bis $+6$ statt -5 bis $+5$ angegeben. Bei einer Anwendung auf die vorliegende Befragung würde sich jedoch nur eine geringfügige Verschiebung ($< 10\%$) in der Verteilung ergeben.

Sachverständigen, Maklern, Facility Managern und/oder Betreibern (Schulte & Holzmann, 2008, S. 192–199) denkbar. Hierdurch könnte die sehr hohe Ausprägung transformationaler Führung bei den Beratern (TA $M=-1,43$; TF $M=9,73$) nivelliert werden, da andere Dienstleister ggf. eine weniger stark ausgeprägte transformationale Führungskultur aufweisen. Nachteile ergäben sich aus einer möglichen Abgrenzungsproblematik (bspw. Facility Manager) sowie einer geringeren Homogenität der Gruppe.

Die Auswahl der *Unternehmen* basierte auf den größten Marktteilnehmern pro Segment und wurde auf der Grundlage fester Kriterien vorgenommen (vgl. Kap. 4.3.3). Die Ansprache erfolgte anhand einer geschichteten Auswahl, die dann sinnvoll erscheint, wenn es sich zwar um eine heterogene Grundgesamtheit handelt, in Bezug auf die jeweiligen Untergruppen jedoch vermutet wird, dass diese relativ homogen ist (Mayer, 2013, S. 62). Die Analyse ergab, dass sich die jeweils auf Unternehmensebene aggregierten Ergebnisse der Teilnehmer, bis auf die Gruppe der REITs, nicht signifikant ($p > .05$) unterscheiden. Neben den Beratern wurde auch eine Fokussierung bei den Finanzierern auf das Segment der Pfandbriefbanken vorgenommen. Es wird nicht davon ausgegangen, dass sich bei einer Ausweitung auf weitere Immobilienfinanzierer ein anderes Bild ergeben hätte, da Kreditinstitute nach Eilenberger (2012, S. 491–493) im Allgemeinen über einen formellen steuer- und regelbasierten Führungsprozess verfügen. In einer Ergänzungsstudie wäre jedoch auch diese Annahme kritisch zu hinterfragen.

Bei der Auswahl der *Teilnehmer* wurden Mitarbeiter unterschiedlicher Hierarchie und Funktion[20] ausgewählt. Allerdings können Verzerrungen, die aus der Übergewichtung einzelner Abteilungen oder dem hohen Anteil an Führungskräften (55%) resultieren, nicht ausgeschlossen werden. Im Verlauf der Arbeit wurde bereits dargelegt, dass die Führungskräfte (TF $M=8,52$) im Vergleich zu den Geführten (TF $M=5,81$) insgesamt deutlich bessere Ergebnisse aufweisen und ein signifikanter Zusammenhang auf der transformationalen Dimension besteht ($p < .05$). Vergleichsstudien kommen zu ähnlichen Ergebnissen (Bass & Riggio, 2006). Dies könnte daran liegen, dass Führungskräfte aufgrund ihrer Legitimation und Aufgabe „transformationaler" geführt werden und der Unterschied quasi ein hierarchisches Artefakt darstellt (Felfe, 2005, S. 188). Die Abgrenzung zwischen Führungskräften und Geführten basierte zudem nicht auf einer expliziten Antwort der Teilnehmer, sondern einer Zuordnung nach im Fragebogen angegebener Hierarchiestufe. Hieraus können sich Zuordnungsfehler ergeben, bspw. bei Teilnehmer die auf dem Hierarchielevel „Manager" stehen, allerdings keine Führungsverantwortung im Unternehmen ausüben. Eine Überprüfung könnte anhand einer alternativen Zusammensetzung der Teilnehmerstruktur erfolgen, denkbar wäre bspw. auch eine reine Fokussierung auf Führungskräfte oder Geführte.

Darüber hinaus weist der Rücklauf eine relativ starke Streuung auf. Mögliche Gründe bestehen neben der geringen Teilnehmerzahl in der uneinheitlichen Interpretation der Fragen. Hierzu führt etwa Neuberger (2002, S. 396) aus, dass bei Befragungen zum The-

---

[20] Die Funktion der Teilnehmer innerhalb der Unternehmen wurde nicht weitergehend ausgewertet.

ma Führung eine Vielzahl von Facetten angesprochen werden, die insbesondere aus einer Alltagsperspektive ein uneinheitliches Verständnis erzeugen können. Ein weiterer Grund liegt im organisationalen Bezugspunkt der Teilnehmer. So lassen sich Kulturunterschiede in verschiedenen Abteilungen oder Teams („Subkulturen") eines Unternehmens feststellen (Johnson, Scholes, & Whittington, 2011, S. 251), die sich aus unterschiedlichen Arbeitsweisen, Strategien, Funktionen, organisatorischen Strukturen und letztendlich auch Führungsverhalten ergeben. Ergebnis kann ein breites Stimmungsbild sein, abhängig davon ob ein Teilnehmer sein unmittelbares Umfeld oder das der gesamten Organisation als Bezugspunkt genommen hat. Grundsätzlich ist die Streuung der Antworten jedoch nicht ungewöhnlich, auch Parry und Proctor-Thomson (2001) berichten von Lage- und Streuungsmaßen im Bereich der vorliegenden Befragung (vgl. Tab. 4.13).

Tab. 4.13 Lage- und Streuungsmaße des ODQ anhand einer Vergleichsstudie. (Eigene Darstellung in Anlehnung an Parry und Proctor-Thomson (2001, S. 117))

$N = 1354$[a]	Transaktional	Transformational
M	$-1,07$	8,76
SD	6,2	6,5

[a] Männlich: 77,6 %, weiblich: 22,4 %. Die durchschnittliche Altersklasse lag bei 40 bis 55 Jahre.

Fasst man alle Facetten von Befragungsmethodik und -aufbau zusammen, ließen sich verschiedene methodische Anpassungen vornehmen. In weiteren Untersuchungen könnte die Robustheit der gefundenen Effekte mit einer größeren Stichprobe an Teilnehmern bzw. Unternehmen validiert werden. Aufgrund der Streuung wäre auch eine alternative Abgrenzung und Zusammensetzung der Gruppen denkbar. Letztendlich könnten die Ergebnisse, aufgrund methodischer Schwächen des ODQ, mit Hilfe eines alternativen Fragebogeninstruments (bspw. HPO-Analyzer, MLQ etc.), verifiziert werden.

4.5.4 Analyse unter dem Aspekt der Sozialperspektive

Nach Strack (2004) wird unter Sozialperspektivität die menschliche Fähigkeit verstanden, sich die „Wahrnehmung, Gedanken und Meinungen anderer Personen vorstellen zu können" (S. 83) und dabei aus einer Metaperspektive zwischen der eigenen Sichtweise und derer Dritter zu wechseln. Im Rahmen des Versuchs, in die Perspektive eines anderen zu wechseln, werden „eigene Meinungen, Präferenzen und Eigenschaften auf andere projiziert" (S. 83), woraus sich eine Assimilation von Attributen, Meinungen, Wissen oder Verhalten eines Kollektivs auf die eigene Person ergeben. In der Theorie existieren verschiedene Effekte und Erklärungstypen zur Regulation interner Perspektivendiskrepanz. Für die Betrachtung sollen zwei Phänomene der Sozialperspektivität beleuchtet werden: Das Zufriedenheitsparadox und der „False Consensus". Das *Zufriedenheitsparadox* beschreibt allgemein, dass Fragen zur Lebenszufriedenheit von der Mehrheit oberhalb des Durchschnitts beantwortet werden, auch wenn dies nicht einer rein objektiven Betrachtung der Lebensqualität entspricht („Selbstüberschätzung"). Zudem wird hierunter ein geringer Zusammenhang zwischen objektiver Lebensqualität und dem Empfinden von Zufriedenheit verstanden (Strack, 2004, S. 137). Zufriedenheit soll dabei als „Arbeitszufriedenheit" aufgefasst werden, deren positive Relation mit (transformationaler) Führung bereits beschrieben wurde und als empirisch erwiesen gilt (Judge & Piccolo, 2004).

Das Zufriedenheitsparadox kann nach Strack (2004, S. 138–139) anhand von motivationalen oder sozialen Gründen erklärt werden. Unzufriedenheit ist für eine Person zunächst unangenehm und sozial unerwünscht. Ein Urteil über Zufriedenheit bildet sich dabei in einem top-down-Ansatz und ist Resultat interner Perspektivenregulation. Ausgangspunkt ist die Zufriedenheit, die im Vergleich mit anderen, den eigenen Selbstwert stützt. Besteht eine Diskrepanz zwischen der eigenen und bspw. durch Kollegen wahrgenommenen Zufriedenheit, wird die eigene Zufriedenheit durch eine Adjustierung des Anspruchsniveaus wiederhergestellt. Strack (2004) führt hierzu aus, dass „die *bei anderen vermutete* [Hervorhebung im Original] Lebenszufriedenheit im Allgemeinen ungefähr auf der Skalenmitte und damit niedriger als die eigene angegeben zu werden scheint" (S. 139).

Neben dem Zufriedenheitsparadox soll der „*False Consensus*" Effekt nach Ross, Greene und House (1977) thematisiert werden, nach dem Personen ihre eigenen Attribute einerseits überschätzen und andererseits auf das Gesamtkollektiv übertragen. Auch hierfür lassen sich motivationale, soziale und kognitive Gründe anführen. Zunächst wird die eigene Zugehörigkeit zu einer Gruppe gestärkt, indem man sich selbst ähnlich mit anderen sieht. Damit einher geht die Bestätigung der eigenen Meinung und die Validierung sozialer Identität (ggf. Selbstwerterhöhung). Aus einer sozialen Perspektive entsteht „False Consensus", wenn Personen mit einem ähnlichen Hintergrund (= Sympathie) im eigenen Umfeld überrepräsentiert sind und Andersdenkende ausgeschlossen werden. Dies führt zu einer systematischen Verzerrung, da eher Personen im unmittelbaren Umfeld als Referenz herangezogen werden. Eine kognitive Erklärung ergibt sich auch aus der Mehrdeutigkeit von Sachverhalten und einer inkonsistenten Informationslage (Strack, 2004, S. 47–66; Ross, Greene, & House, 1977, S. 297–299).

Lassen sich nun Rückschlüsse aus dem Blickwinkel interner Perspektivendiskrepanz ableiten, wenn man beide Phänomene auf die Ergebnisse überträgt? Könnte die Perspektivendiskrepanz als regulatives Element zwischen Eigen- und Fremdwahrnehmung fungieren, indem die Befragten quasi sozialperspektivische Konstrukteure der Realität sind?

Untersucht man die Zufriedenheit, gemessen an der Häufigkeit von transformationalem Führungsverhaltens, liegt diese bei allen Akteuren mehrheitlich im Bereich moderat transformationaler Führung und damit überdurchschnittlich (Bass & Riggio, 2006; MLQ Pty. Ltd., 2006). Eine systematische Über- bzw. Unterschätzung im Antwortverhalten ließe sich dabei auf beiden Dimensionen beobachten, da sich letztendlich alle Fragen auf eine Zufriedenheitsaussage reduzieren lassen. Betrachtet man die 14 Fragen zur transformationalen Führungskultur, werden bis auf zwei Fragen alle Fragen von allen Teilnehmern mehrheitlich bestätigt ($M = 71\%$). Die Ablehnung der Fragen auf der transaktionalen Dimension liegt im Mittel bei 40 % (Tab. A20, Tab. A24, Abb. A8, Abb. A9).

Die Mehrheit der Befragten bestätigt, dass die Organisation (bzw. man selbst) überwiegend gemeinsame Ziele verfolgt, zukunftsorientiert und bei allem die Beste ist. Weiterhin kann jederzeit Hilfe in Anspruch genommen werden, mit Fehlern wird konstruktiv umgegangen, Beförderung hängt von eigenen Fähigkeiten ab und man spricht über vergangene Erfolge. Anhand des Antwortmusters lässt sich ein systematisches Zufriedenheitsurteil feststellen, woraus sich gemäß Theorie das eigene Zufriedenheits- und Anspruchsniveau top-down reguliert. Die motivationale Erklärung mündet also in einer Steigerung der eigenen Zufriedenheit, durch die überwiegende Bestätigung transformationaler Fragen. Die tatsächliche Zufriedenheit könnte dabei geringer sein und sich mehr in der Skalenmitte befinden („Better-than-Average-Effekt") (Strack, 2004, S. 139). Ein sozialer Erklärungsansatz ergibt sich aus den begrenzten Kommunikationsmöglichkeiten, sowie Normen und sozialen Einflüssen. Eigene Zufriedenheit wird zur Steigerung der Gruppenkohäsion nicht mitgeteilt, negative Aspekte sind entsprechend überrepräsentiert, Unzufriedenheit wird somit sozialisiert. Weiterhin wird Unzufriedenheit gegenüber Führungskräften tendenziell eher unterdrückt (Strack, 2004, S. 154). Insgesamt kann hierdurch eine Überschätzung der allgemeinen Zufriedenheit entstehen, da die Schilderung von Zufriedenheit (oder Unzufriedenheit) im kollektiven Austausch bzw. aus einer Gruppendynamik heraus mit der eigenen Zufriedenheit (oder Unzufriedenheit) abweicht. Weiterhin ließen sich auch die abweichenden Scores zwischen Führungskräften und Geführten durch eine unterschiedliche Perspektivenregulation, je nach Unternehmenskultur, erklären.

Die überwiegende Zustimmung transformationaler Fragen kann auch anhand des „False Consensus" Effekts verdeutlicht werden. Durch die Bestätigung ausschließlich positiver Fragen, wird motivational die Zugehörigkeit und Identität der vornehmlich homogenen Gruppe gestärkt. Alternative Meinungen sind unterrepräsentiert, aufgrund mangelnder Transparenz gibt es keine Klarheit bzgl. der „objektiven" Situation. Der Vergleich mit anderen erfüllt auch ein Anschlussmotiv an die Gruppe, da Erwartungskonformität von zentraler psychologischer Bedeutung ist (Strack, 2004, S. 48). Im Ergebnis erfolgt eine Anpassung der eigenen Meinung an den Gruppenstatus und es wird mehrheitlich „sozial erwünscht" geantwortet. So bestätigen bspw. über 70 %, dass eine Beförderung von der eigenen Leistung abhängt oder die Organisation bestrebt ist, immer die Beste zu sein (84 %). Dieser Regulationsmechanismus führt zu einer Überschätzung der Transformalität und einer konsensualen Beantwortung analog der vermuteten Mehrheitsmeinung.

Aufgrund der hohen Zustimmungsquoten erscheint insgesamt eine systematische Überschätzung transformationaler Führungskultur naheliegend. Eine Aussage, wo der „objektive" Wert transformationaler Führungskultur anzusiedeln ist, kann anhand der vorliegenden Daten nicht bestimmt werden. Vor dem Hintergrund der Perspektivenregulation müsste die Häufigkeit moderat transformationaler Führungskultur jedoch nach unten bzw. die transaktionaler nach oben bewegen. Die Akteure würden sich dann ggf. mehr im Bereich der Coasting-Kultur bewegen bzw. wäre die transaktionale Dimension stärker ausgeprägt.

Neuberger (1984) pointiert überdurchschnittliche Zufriedenheit wie folgt: „Wenn die Leute nachdenken würden, müssten sie feststellen, dass sie unglücklich sind" (S. 48).

4.6   Herausforderungen für einzelne Akteure

Im letzten Kapitel sollen die Ergebnisse der einzelnen Akteure reflektiert werden. Die Betrachtung erfolgt dabei vor dem immobilienwirtschaftlichen Hintergrund des Akteurs, worauf aufbauend Herausforderungen und Konsequenzen abgeleitet werden sollen. Dabei sollen insbesondere auch die transaktionalen Elemente aus der Betrachtung der Kulturfaktoren einfließen. Als generelle Prämisse gilt, dass die Befragung das reale, objektive Führungsverhalten beschreibt.

4.6.1   Projektentwickler

Die Charakteristika im Hinblick auf die Führungs- und Unternehmenskultur der Projektentwickler ergeben sich unmittelbar aus deren zentralen Merkmalen Multidisziplinarität, Komplexität und unternehmerischem Risiko (Kinateder, 2011a, S. 504) sowie aus dem inhärenten Wertschöpfungsprozess (Bone-Winkel, Isenhöfer, & Hofmann, 2008, S. 2).

Die verschiedenen Phasen einer Projektentwicklung, deren Management von hoher Komplexität geprägt ist und eine Reihe von ineinander übergehende Aufgaben sowie Teilphasen umfasst (Schäfer & Conzen, 2002; Kinateder, 2011a), erfordert in der Konsequenz klare interne Strukturen und etablierte Entscheidungswege. Grundsätzlich erscheint eine moderat bürokratische Ausprägung nachvollziehbar, da aufgrund des hohen unternehmerischen Risikos letztendlich formale Entscheidungsprozesse eingehalten werden müssen. Die mitunter institutionelle Einbindung des Projektentwicklers im Konzernverbund trägt ebenfalls zu einer formalen Aufbau- und Ablauforganisation bei. Trotz dieser eher transaktionalen Komponenten, lässt sich eine organisationale Flexibilität und Dynamik feststellen, die sich allein schon aus dem orginären Projektentwicklungsprozess ergibt (Bone-Winkel, Isenhöfer, & Hofmann, 2008).

Die Aussagen der Projektentwickler bzgl. organisationaler Autonomie sind ambivalent. Für eine selbstständige Arbeitsweise spricht, dass ein hohes Maß an Flexibilität gegeben sein muss, da es im Projektverlauf immer wieder zu Rückkoppelungen und Überschneidungen kommt (Kinateder, 2011a; Bone-Winkel, Isenhöfer, & Hofmann, 2008). Demgegenüber liegt dem Ablauf ein idealtypischer Prozess zugrunde, der strukturgebend wirkt, Autorisierungen erfordert und Autonomie erschwert.

Ein deutliches Vertrauensverhältnis herrscht vor, was sich durch eine multidisziplinäre Arbeitsweise erklären lässt. Nur ein kollektiver und disziplinübergreifender Austausch gewährleistet einen optimalen Wertschöpfungsprozess (Peiser, 2001). Dies erklärt auch die Wahrnehmung von Eigeninitiative und den konstruktiven Umgang mit Fehlern. Interne Kooperationen bewegen sich im Spannungsfeld zwischen einer gemeinsamen geprägten Mission und der Verhandlung bestehender Ressourcen, was im Ergebnis treffend den Zielkonflikt transaktionaler und transformationaler Führung beschreibt (vgl. Tab. 4.14).

Tab. 4.14 Herausforderungen Projektentwickler. (Eigene Darstellung in Anlehnung an Heidbrink und Jenewein (2011, S. 55–79))

Dimension	Transformationaler Schwerpunkt
Organisationsstruktur	Rotierende Zuständigkeiten, die sich aus Aufgabe und Kompetenz ableiten
Entscheidungswege	Entscheidungen (auf allen Ebenen) nach dem Subsidaritätsprinzip
Organisationsdynamik	Steigerung der Flexibilität (Change-Capability) und Entfaltungsorientierung. Dynamik sollte nicht ausschließlich top-down initiiert werden
Arbeitsautonomie	Ständige Rollenveränderung, Aufgabenallokation, erhöhte Freiheitsgrade
Kooperationsformen	Kollektive Ressourcennutzung und -steuerung

Die Führungskräfte der befragten Projektentwickler empfinden die Unternehmenskultur dabei überwiegend (17,7 %) bzw. moderat (46,7 %) transformational, bei den Mitarbeitern sind es 81,8 %. Im Vergleich zu anderen Akteuren fällt auf, dass der Unterschied einerseits nicht invers und andererseits relativ gering ist (Geführte, TF $M = 7,55$; Führungskräfte, TF $M = 8,12$). Gründe könnten sich aus paritätisch besetzten Teamstrukturen und einer temporären Projektstruktur (Tyssen, Wald, & Spieth, 2013) ergeben. Fasst man die Ergebnisse zusammen, lassen sich Herausforderungen aus der Balance zwischen transaktionalen ("phasenorientierter Projektverlauf") und überwiegend transformationalen ("Potenzialentfaltung des Einzelnen") Faktoren ableiten.

4.6.2 Finanzierer

Die Teilnehmer der befragten Pfandbriefbanken weisen im Vergleich zu den anderen Akteuren den geringsten Gesamt-Score an transformationalem Führungsverhalten ($M = 5,70$) bei einer überdurchschnittlichen Ausprägung auf der transaktionalen Dimension ($M = 2,81$) auf. Anhand der Häufigkeitsverteilung überwiegt zwar eine moderat transformationale Kultur, im Vergleich lassen sich aber auch transaktionale Elemente erkennen.

Die Führungs- und Unternehmenskultur in Bankbetrieben ist neben der Umwelt wesentlich von innerbetrieblichen Faktoren bestimmt. Es lassen sich verschiedene Einflussgrößen unterscheiden, zu denen die bankbetriebliche Struktur und Organisation, organisationale Zielsetzung sowie interne Entscheidungsprozesse zählen. Insbesondere die Organisationsstruktur bildet die Grundlage für die interne Zielsetzung und den bankbetrieblichen Entscheidungsprozess. Die Hierarchiebildung in Bankbetrieben folgt dabei dem Prinzip der Strukturanreicherung, bei dem die interne Struktur stufenweise durch Subsysteme (Leistungs-, Unterstützungs-, Instandhaltungs-, Informations- und Entscheidungssysteme) vergrößert wird und sich hieraus ein komplexes Gesamtsystem ergibt (Eilenberger, 2012, S. 18–20). Weitere spezifische Charakteristika lassen sich aus dem organisatorisch-regulativen Betrieb des Pfandbriefgeschäfts ableiten. Hierzu zählen, neben allgemeinen Anforderungen an Risikomanagement und -steuerung, vor allem strenge Regularien an den Gläubigerschutz und umfassende Sicherheitsanforderungen an Beleihungswertermittlung, Deckungsprüfung und Treuhänder (Rottke, 2011c, S. 945).

Vor diesem Hintergrund verwundert es nicht, dass bei den befragten Finanzierern bürokratisch-transaktionale Kulturelemente existieren, welche die Teilnehmer in definierten Entscheidungswegen, Autorisierungsprozessen und regulativen Einschränkungen wahrnehmen. Im Ergebnis herrscht eine geringe Arbeitsautonomie und Entscheidungen basieren überwiegend auf vorhergehenden Fällen (85 %). Neuen Ideen treten die Befragten eher reserviert entgegen, nur rd. die Hälfte bestätigt, dass Eigeninitiative gefördert wird. Eilenberger (2012, S. 520–521) merkt hierzu an, dass vor allem bei einer überwiegend funktionalen Ausrichtung von Bankbetrieben, mit zunehmender Komplexität und Diversifikation des Geschäftsbetriebs, Koordinationsprobleme auftreten können und es zu einer steigenden Belastung des Managements kommt. Solche eher transaktionalen Kulturattribute spiegeln einen tendenziell ressourcenorientierten Führungsstil („Marktgedanke") und eine fehlende Kommunikationskultur wider.

Trotz der transaktionalen Aspekte, überwiegt bei den Befragten insgesamt das Empfinden einer moderat transformationalen Kultur (59,3 %). So wie bei anderen Akteuren herrscht ein kollektives Klima von Vertrauen, etwa die Hälfte der Befragten nimmt ein starkes Zugehörigkeitsgefühl wahr. Das skizzierte Zielsystem ist daher nicht nur strukturgebend, es lässt sich auch ein gemeinsames Ziel und eine Zukunftsorientierung ableiten, was die Befragten mehrheitlich bestätigen.

Transaktionalität im Bankbetrieb resultiert letztendlich aus einer eher feingranularen Ablauforganisation, mit der im Sinne von Eilenberger (2012, S. 511–513) bewusst eine detaillierte Planung, Steuerung und Kontrolle von Aufgaben und Entscheidungen vorgenommen werden kann. Dies resultiert im Ergebnis in fehlender Dynamik und einer geringen Autonomie des Einzelnen, was vorwiegend die Geführten, im Vergleich zu den Führungskräften, in Form von weniger ausgeprägter transformationaler Führung wahrnehmen.

Daher sollte, trotz der Strukturiertheit bankbetrieblicher Organisationen und externer Anforderungen, auf die notwendige Flexibilität und Autonomie für die Mitarbeiter geachtet werden, um die Gefahr einer Übersteuerung zu vermeiden. Eine Untersuchung in Bankbetrieben von Geyer und Steyrer (1998) bestätigt, dass transformationale Führung eine höhere Erfolgswirksamkeit als transaktionale Führung aufweist (Tab. 4.15).

Tab. 4.15 Herausforderungen Finanzierer. (Eigene Darstellung in Anlehnung an Heidbrink und Jenewein (2011, S. 55–79))

Dimension	Transformationaler Schwerpunkt
Organisationsstruktur	Strukturen und Prozesse evaluieren, Formalismus nicht zu Lasten der Potenziale Einzelner
Entscheidungswege	Entscheidungen (auf allen Ebenen) nach dem Prinzip der Subsidiarität
Organisationsdynamik	Steigerung der Flexibilität (Change-Capability), Entfaltungsorientierung. Dynamik sollte nicht ausschließlich top-down initiiert werden
Arbeitsautonomie	Ständige Rollenveränderung, Aufgabenallokation, erhöhte Freiheitsgrade
Kooperationsformen	Kollektive Ressourcennutzung und -steuerung
Führungsstil	Implementierung der Four I's (insb. offene Kommunikationskultur, Distanzierung von einem reinen Austausch von Leistung und Gegenleistung)

4.6.3 Investoren

Bei den Investoren ist ebenfalls davon auszugehen, dass sich Ausprägungen der Führungskultur aus dem originären Zielsystem, dem strukturellen Aufbau und den zugrundeliegenden Regularien ableiten lassen.

Das Geschäftsmodell institutioneller Investoren ist nach Rottke (2011d, S. 840) durch eine Reihe von Entscheidungsproblemen gekennzeichnet, an denen sich Investitionen ausrichten. Hierzu gehören etwa ein bestmöglicher Investitions- oder Verkaufszeitpunkt oder eine optimale Portfoliostruktur. Die sich hieraus ergebenden Strukturkomponenten fließen direkt in den Investmentprozess ein und bilden den wesentlichen Kern der Leistungserstellung mit den Komponenten Strategie, Objektsuche und -identifikation, Due Diligence sowie Investmententscheidung bzw. Objekterwerb (Reul & Stengel, 2007, S. 415). Ergänzende Anforderungen ergeben sich bspw. bei institutionellen Fondsstrukturen aus dem primären Wertschöpfungsprozess (Konzeption, Ankauf, Management, Exit) und begleitender infrastruktureller Funktionen (bspw. Bewertung, Controlling) (Homann, 2011, S. 242). Weitere strukturelle Anforderungen resultieren aus dem breiten Spektrum an regulatorischem Regelwerk, welches intern umgesetzt werden muss. Zu nennen ist bspw. das Kapitalanlagegesetzbuch (KAGB), welches seit Mitte 2013 die rechtliche Grundlage für die Verwaltung offener und geschlossener Fonds bildet und das bisher bestehende Investmentgesetz ersetzt. Hieraus resultieren umfassende organisatorische Anforderungen an personelle und sachliche Ressourcen (Schede & Sieber, 2011, S. 156). Der vorgegebene Aufbau legt dabei die Struktur des offenen Fonds weitestgehend fest und impliziert strategische Einschränkungen der Führung (Loos, 2008, S. 31). Geschlossene Immobilienfonds sind dahingehend weniger stark reglementiert (Klug, 2009). Weitere gesetzlich-statutarische Anforderungen bestehen hinsichtlich börsennotierter Immobilienaktiengesellschaften (bspw. REITG).

Auch eine Betrachtung anhand der Kulturfaktoren bei geschlossenen und offenen Immobilienfonds sowie Immobilien-AGs spiegelt tendenziell prozessuale und strukturgetriebene Organisationen wider. Entscheidungswege gehen über mehrere Instanzen, es existiert eine geringe Organisationsdynamik, Regeln und Abläufe schränken freies Handeln ein und die Arbeitsautonomie wird als gering wahrgenommen.

Demgegenüber herrscht ein hohes internes Vertrauen, ein kollektiver Gedanke steht im Vordergrund. Während der originäre Investmentprozess einerseits strukturgebend wirkt, lassen sich andererseits auch dynamische Prozesse ableiten. So werden Teams in der Regel multidisziplinär besetzt und Teilaufgaben (bspw. Due Diligence, Closing) dabei aus Effizienzgründen untergliedert (Metzner, 2011, S. 298–305). Darüber hinaus erfolgt die Anlageentscheidung, wenn auch formal gestützt, meist im Team.

Letztendlich erfordert die Verwaltung komplexer Portfoliostrukturen mit einer Vielzahl von Objektgesellschaften eine mehrstufige Managementstruktur, die sich in detaillierten Aufbau- und Ablauforganisationen niederschlägt (Metzner, 2011, S. 306). Hieraus resultiert einerseits die Notwendigkeit kooperativ-kollegialer Informationsprozesse, andererseits auch die Erweiterung der Organisationsstruktur auf mehrere Entscheidungsebenen und eine damit verbundene Bürokratisierung. Die sich ergebenden diametralen Ziele und Ansprüche einzelner Mitglieder der Organisation müssen durch die Führungskräfte in Einklang gebracht werden, woraus sich eine vorhandene Diskrepanz zwischen der Einschätzung moderat transformationaler Führungskultur der Führungskräfte (58,6 %) und der Geführten (34,7 %) erklären ließe. In Tab 4.16 sind exemplarisch einige Herausforderungen zur Steigerung transformationaler Führungskultur zusammengefasst.

Tab. 4.16 Herausforderungen Investoren. (Eigene Darstellung in Anlehnung an Heidbrink und Jenewein (2011, S. 55–79))

Dimension	Transformationaler Schwerpunkt
Organisationsstruktur	Wechselnde Zuständigkeiten die sich aus Aufgabe und Kompetenz ableiten
Entscheidungswege	Verantwortungskultur stärken (oIF)
Organisationsdynamik	Förderung von Ideen, Veränderungsprozesse zur Steigerung der Veränderungsfähigkeit
Arbeitsautonomie	Ständige Rollenveränderung, Aufgabenallokation, Freiheitsgrade ausbauen
Kooperationsformen	Kollektive Ressourcennutzung und -steuerung
Führungsstil	TF im Sinne eines übergeordneten Gedanken ausbauen, offene Kommunikationskultur (gIF) fördern

4.6.4   Berater

In der Stichprobe weisen die Berater den im Mittel höchsten Score (TF $M=9,73$) auf, die transaktionale Dimension ist zudem leicht negativ ausgeprägt (TA $M=-1,43$).

Die befragten Dienstleister befinden sich alle in einem vergleichsweise klar abge-grenzten Segment und weisen hohe Überschneidungen in ihrem Dienstleistungsportfo-lio auf. Klassische Differenzierungsmerkmale wie Produkte, Spezialwissen, funktionaler Fokus oder Unternehmensgröße (Niederreichholz, 2012, S. 15), können ggf. nur in Teil-bereichen (bspw. Bewertung, Property-Management) in Form von Skaleneffekten oder regionalen Kompetenzen erzielt werden. Aufgrund des einheitlichen Branchen- und Be-ratungsschwerpunkts kann von einem starken Wettbewerb ausgegangen werden. Hieraus resultieren Preisdifferenzierungen aus wettbewerbsstrategischen Gründen und eine relativ große Verhandlungsmacht der Mandanten.

Beratungsunternehmen sind im Hinblick auf Branchen-, Funktions-, Fach- und Sozi-alkompetenz auf hoch spezialisierte Mitarbeiter angewiesen, diese stellen die wichtigste Ressource („Produktivkapital") dar. Aus diesem Grund bestehen sehr enge Verbindungen zwischen der Unternehmens- und der Mitarbeiterentwicklung, was sich in der Personal-auswahl, regelmäßigen Schulungen und Zielvereinbarungen niederschlägt. Vor diesem Hintergrund stehen die Entwicklung der Mitarbeiterkompetenzen und die Schaffung eines produktiven Arbeitsumfelds im Vordergrund (Wolf, 2012, S. 255–256).

Weiterhin sind Beratungsunternehmen einerseits von einer kooperativ-innovativen und projektorientierten Arbeitsweise geprägt, auf der anderen Seite herrscht ein hoher interner Druck, aufgrund des operationalisierten und antizipierten Unternehmenserfolgs anhand von Zielvorgaben. Es ist daher naheliegend, dass sich im Gegensatz zu anderen Akteuren weniger starre Strukturen und ein höherer Grad an transformationalem Führungsverhalten vorherrschen. Hierzu führt Metzner (2011, S. 298) aus, dass insbesondere in Beratungs-unternehmen schnelle und unbürokratische Entscheidungen notwendig sind, was zwar mehrdimensionale Problemlösungsansätze ermöglicht, aber auch Anforderungen an die Führungskräfte hinsichtlich Qualifizierung, Kommunikation und Flexibilität stellt.

Reflektiert man die Betrachtung anhand der Antworten, so bestätigen die Teilnehmer überwiegend ein kollektives Ziel, Zukunftsorientierung und bei allem die Besten sein zu wollen. Im Gegensatz zu anderen Befragten werden interne Strukturen flexibler und dy-namischer gesehen. Neuen Ideen steht man offen gegenüber, etablierte Handlungsweisen sind nicht unumstößlich. Das Arbeitsumfeld ist durch Arbeitsautonomie, Vertrauen, Ei-geninitiative und einen konstruktiven Umgang mit Fehlern gekennzeichnet.

Führungskultur wird von den Führungskräften und Geführten ähnlich moderat trans-formational aufgefasst. Die Ursache könnte in einer stark projektorientierten und koope-rativen Arbeitsweise liegen, bei der Projektteams überwiegend hierarchie- und fachüber-greifend besetzt werden. Dies spiegelt sich auch in einer tendenziell moderat transforma-tionalen Wahrnehmung des Führungsstils wider. Etwa die Hälfte der Befragten ist nicht der Meinung, dass intern ein reiner Austausch von Leistung und Gegenleistung herrscht. Herausforderungen für die Berater ergeben sich weniger aus den transaktionalen Elemen-ten, als vielmehr aus dem Erhalt des Status quo an transformationaler Führung. Besonders bei den Beratern lassen sich die Grenzen transformationaler Führung anhand einer unter-geordneten „Work-Life-Balance" (Flohr, 2011, S. 411) oder unausgewogener Vergütungs-modelle (Heidbrink & Jenewein, 2011, S. 177) ableiten.

Tab. 4.17 Herausforderungen Berater. (Eigene Darstellung in Anlehnung an Heidbrink und Jenewein (2011, S. 55–79))

Dimension	Transformationaler Schwerpunkt
Organisationsstruktur und -dynamik	Weiterer Ausbau individueller und organisationaler Dynamik und Flexibilität, insbesondere im Projektgeschäft
Führungsstil	Konsequente Ausrichtung an den Four I's: Identifizierung, Inspiration, intellektuelle Stimulierung und individuelle Behandlung

4.6.5   Bauwirtschaft

Die Teilnehmer der Bauunternehmen weisen nach den Immobilien-Dienstleistern einen ebenfalls überdurchschnittlichen Gesamt-Score auf (TF $M=9{,}07$). Das Führungsklima wird von rd. 60 % moderat und von rd. 10 % überwiegend transformational beschrieben.

Dieses Ergebnis verwundert zunächst, da der Bauwirtschaft intuitiv ein stark autoritäres und aufgabenbezogenes Führungsverhalten zugesprochen wird. Hierzu führen Toor und Ofori (2008b) aus, dass, trotz einer Abkehr von einer traditionellen Auffassung des Baubetriebs und einer stärker werdenden Dynamisierung des Projektgeschäfts, ein nach wie vor konventionell-transaktionales Führungsverständnis in der Baubranche vorherrscht. Die Autoren nennen als Gründe eine kurzfristige Zielorientierung hinsichtlich Qualität, Zeit und Budget im Verlauf des Bauprojekts, eine gewachsene konservative Personalstrategie und fehlende Curricula in Ausbildung und Praxis. Diese Denkweise sei ursächlich für ein aufgaben- und weniger beziehungsorientiertes Führungsverhalten. Russell und Stouffer (2003, S. 2) ergänzen, dass Projektverantwortliche in der Bauwirtschaft auch eher als „Manager" und weniger als „Leader" gesehen würden.

Dieser Einschätzung kann auf Basis der Untersuchung nicht gefolgt werden, bei den Charakteristika der Führungs- und Unternehmenskultur lassen sich vielmehr etliche Gemeinsamkeiten zu den Projektentwicklern feststellen. So richten sich die Leistungen auch an einer strikten Bauprojektorganisation aus, die eine klare Struktur, definierte Aufbau- und Ablaufprozesse sowie laufende Koordinierung und Kommunikation umfassen. Die Bauprojektorganisation ist dabei von einer notwendigen Flexibilität (individuelles Bauvorhaben) und einer straffen Führung gekennzeichnet. Eine gute Projektstruktur anhand eines Projektstrukturplans zeichnet sich durch klare Hierarchien, feste Funktionen, eindeutige Verantwortlichkeiten und Weisungsbefugnisse sowie Verbindlichkeit aus. Hieraus lassen sich weitere Einzelaufgaben bezogen auf Qualitäten, Kosten und Termine ableiten (Kinateder, 2011b, S. 538–540).

Die dargestellten Charakteristika finden sich in der Befragung weitestgehend wieder. Die Organisationsstrukturen werden bürokratisch wahrgenommen, klare Dienstwege existieren. Entscheidungen durchlaufen mehrstufige Instanzen und werden auf vorangegangene Fälle gestützt. Insgesamt herrscht eine hohe Verantwortung für die eigene Tätigkeit und Experten sind zeitnah verfügbar. Eindeutige Projektstrukturen implizieren auch eine Reihe von Regeln und Abläufen, die einschränkend wirken. Es verwundert daher nicht, dass jeder Zweite eine geringe Arbeitsautonomie bestätigt.

Tab. 4.18 Herausforderungen Bauwirtschaft. (Eigene Darstellung in Anlehnung an Heidbrink und Jenewein (2011, S. 55–79))

Dimension	Transformationaler Schwerpunkt
Organisationsstruktur und -dynamik	Trotz klarer Projektstruktur Implementierung notwendiger Flexibilität und bedarfsgerechter Prozesse
Führungsstil	Konsequente Ausrichtung an den Four I's: Identifizierung, Inspiration, intellektuelle Stimulierung und individuelle Behandlung

Ähnlich den Projektentwicklern zeichnen sich Bauprojektmanager durch multidisziplinäre Qualifikationen (technisch, kaufmännisch, juristisch), soziale Kompetenzen und analytische Fähigkeiten aus. Dabei ergeben sich aus der Umsetzung der Projektziele sowie integrierend-koordinierender Aufgaben heterogener Teams die zentralen Führungsanforderungen (Kinateder, 2011b, S. 535–536). Hieraus lässt sich die Notwendigkeit von Zielausrichtung, kollektiver Arbeitsweise, hohem Vertrauen und einem konstruktiven Umgang mit Fehlern ableiten. Die Verhandlung um interne Ressourcen ist ähnlich transaktional wie bei anderen Akteuren (Tab. 4.18).

Zusammenfassend bedarf es in der Bauwirtschaft auch transaktionaler Elemente, da nur so die Leistungen des Projektmanagements in puncto von Termin-, Kosten- und Qualitätszielen (Kinateder, 2011b, S. 534) erfüllt werden können. Die Analyse transformationaler Führung in der Bauwirtschaft zeigt, dass bürokratischer Elemente transaktionales Führungsverhalten in der Stichprobe nicht bestätigt werden konnten. Auch die skizzierte Untersuchung von Chan und Chan (2005) ergab, dass die Bauwirtschaft durch ein hohes Maß an Dynamik und Veränderung geprägt ist und sich durch eine transformationale Führungskultur Leistung und Zufriedenheit positiv beeinflussen lassen. Anhand der Befragung überwiegt eine transformationale Führungskultur, Herausforderungen bilden deren konsequente Verfolgung sowie eine stärkere Flexibilisierung von Prozessen.

4.6.6 Zusammenfassung

Die Analyse zeigt, dass sich die Spezifika transaktionaler und transformationaler Führung weitestgehend aus den Charakteristika der Akteure ableiten lassen. Vor allem das bereits skizzierte „Mischungsverhältnis" zwischen moderat-bürokratischen und transformationalen Elementen konnte gezeigt werden. Aus den Antworten lässt sich erkennen, dass die Unternehmen alle über eine klare Organisationsstruktur verfügen, die zwar einerseits die Führungskultur transaktional erscheinen lässt, andererseits die von Bass und Avolio (1993) notwendige „Strukturkomponente" etablierter Unternehmen widerspiegelt. Generell ist dabei eine Abwägung zwischen individueller Autonomie, Effizienz und regulativ-struktureller Anforderungen zu treffen (Metzner, 2011).

Darüber hinaus wurden für alle Akteure verschiedene Herausforderungen angedeutet, auf deren Basis eine Entwicklung transformationaler Führung erfolgen kann. Es stellt sich allerdings die Frage, inwiefern transformationale Führung überhaupt erlernbar ist oder es sich bei den inhärenten Charakteristika („Charisma") um überdauernde Faktoren handelt (Pundt & Nerdinger, 2012, S. 39).

Zur Führungskräfteentwicklung im Sinne des Bass'schen FRL-Modells existieren verschiedene Programme, die sich primär auf einzelne Verhaltensweisen der skizzierten Four I's fokussieren und versuchen, diese praktisch umzusetzen bzw. zu fördern. Bass und Riggio (2006, S. 154–157) beschreiben ein Trainingsprogramm, welches sich aus einem Basis-, Aufbau- und Follow-up-Workshop zusammensetzt und die Reflektion des bisherigen Führungsverhaltens, die Festlegung individueller Entwicklungsziele und regelmäßige 360-Grad Feedbacks auf Basis des MLQ zum Gegenstand hat. Auch Sosik und Jung (2010) zeigen transformationale Entwicklungsmaßnahmen für Führungskräfte auf. Anhand konkreter Fallstudien und praxisnaher Beispiele beschreiben sie die Umsetzung der „Four I's" (vgl. Kap. 3.2.1). Die Wirksamkeit des Trainingsprogramms wurde bspw. von Parry und Sinha (2005, S. 174) überprüft, demnach konnten 50 Führungskräfte aus diversen Branchen ihr transformationales Führungsverhalten um bis zu 10 % steigern.

Die Trainings zielen im Allgemeinen auf den Ausbau transformationaler Führung und Führungskultur ab. Transaktionale Ausprägungen, wie sie in der Befragung (bspw. bei den Finanzierern) analysiert wurden, bestehen jedoch nicht nur aus entsprechendem Führungsverhalten, sondern auch in Form etablierter Strukturen, die im Unternehmen verankert sind. Trainings können Führungskräfte ggf. hierfür sensibilisieren, allerdings lassen sich strukturgebende transaktionale Qualitäten (bspw. Bürokratie, fehlende Dynamik oder mangelnde Autonomie) feststellen, die sich nicht ausschließlich durch verändertes Führungsverhalten heilen lassen und welche letztlich den Einfluss und damit die Entfaltung transformationaler Führung einschränken (Felfe, 2006, S. 168–169). Hierzu sind normative und konstitutive Anpassungen notwendig, die allerdings konträr zu der funktionalen und institutionellen Grundausrichtung, den regulatorischen Anforderung sowie den marktbedingten Gegebenheiten immobilienwirtschaftlicher Organisationsformen sein können. Auch Neuberger (2002, S. 305) hinterfragt die Möglichkeit der rein durch Führung assoziierten Erfolge und nennt institutionelle, strukturelle, technische oder politische Einflussfaktoren als weitere Steuerungselemente.

Literatur

Amburgey, W. O. (2005). *An analysis of the relationship between job satisfaction, organizational culture, and perceived leadership characteristics*. Orlando: Diss., University of Central Florida.

Backhaus, K., Erichson, B., Plinke, W., & Weiber, R. (2011). *Multivariate Analysemethoden: Eine anwendungsorientierte Einführung* (13. Auflage). Berlin: Springer.

Bankhaus Ellwanger & Geiger KG. (2013). E & G DIMAX. Abgerufen am 5. Oktober 2013 von http://www.privatbank.de/de/eundg_dimax.html

Bass, B. M., & Avolio, B. J. (1992). *Organizational Description Questionnaire. Sampler set, manual, instrument, scoring guide*. Menlo Park: Mind Garden.

Bass, B. M., & Avolio, B. J. (1993). Transformational leadership and organizational culture. *Public Administration Quarterly, 17(1),* 112–121.

Bass, B. M., & Riggio, R. E. (2006). *Transformational leadership* (2. Auflage). Mahwah: Lawrence Erlbaum.

Bass, B. M., & Steidlmeier, P. (1999). Ethics, character, and authentic transformational leadership behavior. *The Leadership Quarterly, 10(2),* 181–217.

Bass, B. M., Avolio, B. J., & Jung, D. I. (1999). Re-examining the components of transformational and transactional leadership using the Multifactor Leadership Questionnaire. *Journal of Occupational and Organizational Psychology, 72,* 441–462.

Bone-Winkel, S. (1996). Immobilienanlageprodukte in Deutschland. *Die Bank, 11,* 671–677.

Bone-Winkel, S., Feldmann, P., & Spies, F. F. (2008). Bauwirtschaft und Projektentwicklungsmarkt. In K.-W. Schulte (Hrsg.), *Immobilienökonomie – Band IV: Volkswirtschaftliche Grundlagen* (S. 43–66). München: Oldenbourg.

Bone-Winkel, S., Isenhöfer, B., & Hofmann, P. (2008). Projektentwicklung. In K.-W. Schulte (Hrsg.), *Immobilienökonomie – Band I: Betriebswirtschaftliche Grundlagen* (S. 231–299). München: Oldenbourg.

Brosius, F. (2011). *SPSS 19.* Heidelberg: mitp.

Büssing, A., Bissels, T., Krüsken, J., & Herbig, B. (1997). *Die Untersuchung von Arbeitszufriedenheitsformen und Tätigkeitsspielräumen in einer computergestützten Laborstudie: Methodenentwicklung.* München: Technische Universität.

BVI Bundesverband Investment und Asset Management e. V. (2013). *BVI-Investmentstatistik zum 31.08.2013.* Abgerufen am 11. Oktober 2013 von http://www.bvi.de/fileadmin/user_upload/Statistik/Pressefassung1308.pdf

Chan, A. T., & Chan, E. H. (2005). Impact of perceived leadership styles on work outcomes: Case of building professionals. *Journal of Construction Engineering and Management, 131(4),* 413–422.

Corrigan, P. W., Diwan, S., Campion, J., & Rashid, F. (2002). Transformational leadership and the mental health team. *Administration and Policy in Mental Health, 30(2),* 97–108.

Deutsche Bundesbank. (2013). *Monatsbericht Oktober 2013. Statistischer Teil.* Frankfurt am Main: Deutsche Bundesbank.

Diaz, J. III. (1993). Science, engineering, and the discipline of real estate. *Journal of Real Estate Literature, 1(2),* 183–195.

Diederichs, C. J. (1994). Grundlagen der Projektentwicklung. Teil 1. *Bauwirtschaft, 48(11),* 43–49.

Eilenberger, G. (2012). *Bankbetriebswirtschaftslehre: Grundlagen – Internationale Bankleistungen – Bank-Management* (8. Auflage). München: Oldenbourg.

Felfe, J. (2005). Charisma, transformationale Führung und Commitment. Köln: Kölner Studien.

Felfe, J. (2006). Transformationale und charismatische Führung – Stand der Forschung und aktuelle Entwicklungen. *Zeitschrift für Personalpsychologie, 5(4),* 163–176.

Flohr, T. (2011). Personalwirtschaft. In N. B. Rottke, & M. Thomas (Hrsg.), *Immobilienwirtschaftslehre, Bd. 1, Management* (S. 393–419). Wiesbaden: Immobilien Manager.

Gebert, D., & Rosenstiel, L. v. (2002). *Organisationspsychologie* (5. Auflage). Stuttgart: Kohlhammer.

Geyer, A., & Steyrer, J. (1998). Messung und Erfolgswirksamkeit transformationaler Führung. *Zeitschrift für Personalforschung, 4,* 377–401.

Goihl, K. (2003). *Transformationale Führung: Implikationen für die lernende Verwaltung.* Berlin: Diss., FU Berlin.

Hancock, C. S. (2008). *The effects of leadership in veterinary hospitals on employee, satisfaction and culture.* Phoenix: Diss., University of Phoenix.

Heidbrink, M., & Jenewein, W. (2011). *High-Performance-Organisationen: Wie Unternehmen eine Hochleistungskultur aufbauen.* Stuttgart: Schäffer-Poeschel.

Homann, J. (2011). Aufbau einer institutionellen Fondsstruktur. In C. Schumacher, T. Pfeffer, & T. Bäumer (Hrsg.), *Praxishandbuch Immobilien-Fondsmanagement und -Investment* (S. 237–249). Köln: Immobilien Manager.

Hoppenstedt Firmendatenbank. (2013). Abfrage: Internationale Immobilienberatung/International Real Estate Consultants. Abgerufen am 11. Oktober 2013 unter http://www.firmendatenbank.de

Iblher, F., Pitschke, C., Rottke, N., Schreiber, N., Breidenbach, M., & Lucius, D. (2008). Immobilienfinanzierung. In K.-W. Schulte (Hrsg.), *Immobilienökonomie – Band I: Betriebswirtschaftliche Grundlagen* (S. 529–625). München: Oldenbourg.

Johnson, G., Scholes, K., & Whittington, R. (2011). *Strategisches Management – Eine Einführung: Analyse, Entscheidung und Umsetzung* (9. aktualisierte Auflage). München: Pearson.

Judge, T. A., & Piccolo, R. F. (2004). Transformational and transactional leadership: A meta-analytic test of their relative validity. *Journal of Applied Psychology, 89*(*5*), 755–768.

Kinateder, T. (2011a). Projektentwicklung. In N. B. Rottke, & M. Thomas (Hrsg.), *Immobilienwirtschaftslehre, Bd. 1, Management* (S. 503–531). Wiesbaden: Immobilien Manager.

Kinateder, T. (2011b). Bauprojektmanagement. In N. B. Rottke, & M. Thomas (Hrsg.), *Immobilienwirtschaftslehre, Bd. 1, Management* (S. 533–552). Köln: Immobilien Manager.

Klug, W. (2009). *Offene Immobilienfonds: Zeit für stabile Werte*. Frankfurt am Main: Knapp.

Kotter, J. P., & Heskett, J. L. (1992). *Corporate Culture and Performance*. New York: Free Press.

Kruskal, W. H., & Wallis, W. A. (1952). Use of ranks in one-criterion variance analysis. *Journal of the American Statistical Association, 47*, 583–621.

Lee, C. (2012). *Transformational leadership in the new age of real estate*. Chicago: Institute of Real Estate Management.

Leiner, D. J. (2013). SoSci Survey (Version 2.3.05-i) [Computer Software]. Verfügbar unter https://www.soscisurvey.de

Linden, M. (2012). Bauunternehmen mit guten Ergebnissen. Nur wenige Firmen zeigten Verluste. *this*, 09, 84–86.

Loos, C. (2008). Strategien institutioneller Immobilieninvestoren. Ein kompetenzbasierter Strategiensatz am Beispiel offener Immobilienfonds (Diss.). In A. Pfnür (Hrsg.), *Schriften des Forschungscenters betriebliche Immobilienwirtschaft*. Köln: Rudolf Müller.

Mayer, H. O. (2013). *Interview und schriftliche Befragung: Grundlagen und Methoden empirischer Sozialforschung* (6. Auflage). München: Oldenbourg.

Metzner, S. (2011). Organisation. In N. Rottke, & M. Thomas (Hrsg.), *Immobilienwirtschaftslehre, Bd. 1, Management* (S. 287–310). Köln: Immobilien Manager.

MLQ Pty. Ltd. (2006). *Leadership culture: The Organisation Description Questionnaire. Coasting organisation*. Abgerufen am 17. Dezember 2013 von http://www.mlq.com.au/docs/sample_odq_report.pdf

Morhart, F. M., Herzog, W., & Tomczak, T. (2009). Brand-specific leadership: Turning employees into brand champions. *Journal of Marketing, 73*(*5*), 122–142.

Neuberger, O. (1984). Arbeitsunzufriedenheit. „Wunschloses Unglück?" Ein Interview. *Psychologie Heute, 11*(*7*), 46–51.

Neuberger, O. (2002). *Führen und führen lassen. Ansätze, Ergebnisse und Kritik der Führungsforschung* (6., völlig neu bearbeitete und erweiterte Auflage). Stuttgart: Lucius und Lucius.

Niederreichholz, C. (2012). Analyse des Beratungsmarktes. In C. Niederreichholz, & J. Niederreichholz (Hrsg.), *Das Beratungsunternehmen. Gründung, Aufbau und Strategie, Führung, Nachfolge* (S. 13–20). München: Oldenbourg.

Nunnally, J. C. (1978). *Psychometric theory* (2. Auflage). New York: McGraw-Hill.

O'Connell, A. M. (2008). *Customer retention and leadership in the nonprofit healthcare organization*. Phoenix: Diss., University of Phoenix.

Parry, K. W., & Proctor-Thomson, S. B. (2001). Testing the validity and reliability of the organizational description questionnaire (ODQ). *International Journal of Organizational Behaviour, 4(3)*, 111–124.

Parry, K. W., & Sinha, P. N. (2005). Researching the trainability of transformational organizational leadership. *Human Resource Development International, 8(2)*, 165–183.

Peiser, R. (2001). Real Estate Development. In N. J. Smelser, & P. B. Baltes (Hrsg.), *International Encyclopedia of the Social & Behavioral Sciences* (S. 12805–12812). Oxford: Pergamon.

Pundt, A., & Nerdinger, F. W. (2012). Transformationale Führung – Führung für den Wandel? In S. Grote (Hrsg.), *Die Zukunft der Führung* (S. 27–45). Berlin: Springer Gabler.

Reul, G., & Stengel, R. v. (2007). Investmentprozess. In K.-W. Schulte, & M. Thomas (Hrsg.), *Handbuch Immobilien-Portfoliomanagement* (S. 407–425). Köln: Rudolf Müller.

Ross, L., Greene, D., & House, P. (1977). The „False Consensus Effect": An egocentric bias in social perception and attribution processes. *Journal of Experimental Social Psychology, 13*, 279–301.

Rottke, N. B. (2011a). Institutionen im Modell immobilienwirtschaftlicher Aktivität. In N. B. Rottke, & M. Thomas (Hrsg.), *Immobilienwirtschaftslehre, Bd. 1, Management* (S. 173–190). Köln: Immobilien Manager.

Rottke, N. B. (2011c). Immobilienfinanzierung. In N. B. Rottke, & M. Thomas (Hrsg.), *Immobilienwirtschaftslehre, Bd. 1, Management* (S. 893–960). Köln: Immobilien Manager.

Rottke, N. B. (2011d). Immobilieninvestition. In N. B. Rottke, & M. Thomas (Hrsg.), *Immobilienwirtschaftslehre, Bd. 1, Management* (S. 835–892). Köln: Immobilien Manager.

Russell, J. S., & Stouffer, B. (2003). Leadership: Is it time for an educational change? *Leadership and Management in Engineering, 3(1)*, 2–3.

Schäfer, J., & Conzen, G. (2002). Einführung. In J. Schäfer, & G. Contzen (Hrsg.), *Praxishandbuch der Immobilien-Projektentwicklung* (S. 1–32). München: Beck.

Schäfers, W., & Gier, S. (2008). Corporate Real Estate Management. In K.-W. Schulte (Hrsg.), *Immobilienökonomie – Band I: Betriebswirtschaftliche Grundlagen* (S. 847–898). München: Oldenbourg.

Schede, C., & Sieber, H. (2011). Anforderungen an die Compliance-Organisation im Fondsgeschäft. In C. Schumacher, T. Pfeffer, & T. Bäumer (Hrsg.), *Praxishandbuch Immobilien-Fondsmanagement und -Investment* (S. 147–157). Köln: Immobilien Manager.

Schulte, K.-W., & Holzmann, C. (2008). Institutionelle Aspekte der Immobilienökonomie. In K.-W. Schulte (Hrsg.), *Immobilienökonomie – Band I: Betriebswirtschaftliche Grundlagen* (S. 167–229). München: Oldenbourg.

Schulte, K.-W., Bone-Winkel, S., & Rottke, N. B. (2002). Grundlagen der Projektentwicklung aus immobilienwirtschaftlicher Sicht. In K.-W. Schulte, & S. Bone-Winkel (Hrsg.), *Handbuch Immobilien-Projektentwicklung* (S. 27–90). Köln: Rudolf Müller.

Schulte, K.-W., Rottke, N. B., & Pitschke, C. (2005). Transparency in the German real estate market. *Journal of Property Investment & Finance, 23(1)*, 90–108.

Schulten, A. (2011). Frischer Wind durch Wohnungs-Neubau. *Wirtschaftsblatt, 4*, 75–78.

Sosik, J. J., & Jung, D. I. (2010). *Full range leadership development: Pathways for people, profit, and planet*. New York: Taylor & Francis.

Staehle, W. (1999). *Management* (8. Auflage). München: Vahlen.

Strack, M. (2004). *Sozialperspektivität. Theoretische Bezüge, Forschungsmethodik und wirtschaftliche Praktikabilität eines beziehungsdiagnostischen Konstrukts*. Göttingen: Universitätsverlag Göttingen.

ter Hofte-Fankhauser, K., & Wälty, H. F. (2011). *Marktforschung. Grundlagen mit zahlreichen Beispielen, Repetitionsfragen mit Antworten und Glossar*. Zürich: Compendio Bildungsmedien.

Toor, S. R., & Ofori, G. (2008b). Leadership for future construction industry: Agenda for authentic leadership. *International Journal of Project Management, 26*, 620–630.

Toor, S. R., & Ofori, G. (2009). Ethical Leadership: Examining the relationships with full range leadership model, employee outcomes, and organizational culture. *Journal of Business Ethics, 90*, 533–547.

Tyssen, A. K., Wald, A., & Spieth, P. (2013). The challenge of transactional and transformational leadership in projects. *International Journal of Project Management*, In press, corrected proof.

VDP Verband deutscher Pfandbriefbanken e. V. (2012). *Jahresbericht 2012*. Berlin.

VGF Verband Geschlossene Fonds e. V. (2013). *VGF Branchenzahlen 2012*. Berlin.

Voigtländer, M., Demary, M., Gans, P., Meng, R., Schmitz Veltin, A., & Westerheide, P. (2013). *Wirtschaftsfaktor Immobilien. Die Immobilienmärkte aus gesamtwirtschaftlicher Perspektive.* (Deutscher Verband für Wohnungswesen Städtebau und Raumordnung e. V., & Gesellschaft für Immobilienwirtschaftliche Forschung e. V., Hrsg.) Berlin: Spree.

Watkins, D. V. (2008). *The common factors between coaching cultures and transformational leadership, transactional leadership, and high performance organizational cultures.* Phoenix: Diss., University of Phoenix.

Wolf, G. (2012). Mitarbeiterentwicklung. In C. Niederreichholz, & J. Niederreichholz (Hrsg.), *Das Beratungsunternehmen. Gründung, Aufbau und Strategie, Führung, Nachfolge* (S. 255–276). München: Oldenbourg.

Zimmermann, M. (2006). Projektentwicklung im Immobilienbestand institutioneller Investoren: Konzeption, Make-or-Buy-Entscheidung und empirische Analyse zur Revitalisierung von Büroimmobilien (Diss.). In K.-W. Schulte (Hrsg.), *Schriften zur Immobilienökonomie* (Bd. 34). Köln: Rudolf Müller.

Zusammenfassung und Ausblick 5

5.1 Zusammenfassung und Ergebnisse

Das folgende Kapitel fasst die zentralen Ergebnisse der vorliegenden Arbeit zu transformationaler Führung in der multidisziplinären Immobilienwirtschaft für die Praxis zusammen und zeigt die Grenzen der Arbeit auf.

Den theoretischen Rahmen der Arbeit bildete das in Theorie und Praxis bereits umfassend diskutierte Konzept transformationaler Führung nach Bass (1985). Während transformationale Führung versucht, die Einstellungen und Werte von Mitarbeitern auf eine höhere Bewusstseinsebene zu heben, um so eine Steigerung von Motivation und Leistung zu erzielen, stehen bei transaktionaler Führung als Pendant zweckbestimmte Austauschprozesse zwischen Führungskraft und Mitarbeiter im Vordergrund. Der Zusammenhang transformationaler Führung mit Kriterien des Führungserfolgs, wie bspw. Mitarbeiterleistung und Zufriedenheit, konnte in zahlreichen Studien gezeigt werden. Weitere Arbeiten weisen darauf hin, dass transformationale Führung auch im Kontext von organisationaler Unsicherheit und Veränderung bzw. einem dynamischen Umfeld begünstigend wirken kann.

Aufgrund der positiven Befunde transformationaler Führung hatte die Arbeit das Ziel, das Konzept transformationaler Führung auf die deutsche Immobilienwirtschaft zu übertragen. Im Gegensatz zu anderen Branchen, die ebenfalls in ein dynamisches Wettbewerbsumfeld eingebunden sind, ist die Immobilienwirtschaft zusätzlich durch eine heterogene Branchenstruktur und eine multidisziplinäre Ausrichtung gekennzeichnet, welche besondere Anforderungen an das Führungssystem stellen. In der immobilienwirtschaftlichen Praxis erfolgt jedoch oft eine suboptimale Umsetzung dieser disziplinübergreifenden Interaktion, welche sich in fehlender Mitarbeiterorientierung und zentralistisch-hierarchischer Organisationen, kurz transaktionaler Führungsstrukturen, widerspiegeln.

© Springer Fachmedien Wiesbaden 2015
M. Zingel, *Transformationale Führung in der multidisziplinären Immobilienwirtschaft,*
Impulse für die Immobilienwirtschaft, DOI 10.1007/978-3-658-07733-4_5

Dem empirischen Teil der Arbeit lag die Hypothese zugrunde, dass in der deutschen Immobilienwirtschaft ein eher transaktionales Führungsmodell vorherrscht, wobei davon ausgegangen wurde, dass dessen Ausprägungen, wie bspw. mechanische Organisationsstrukturen, fehlende Autonomie oder geringe Flexibilität, zwischen einzelnen Akteuren aufgrund einer unterschiedlichen Führungs- und Unternehmenskultur differieren.

Für die Untersuchung wurde daher der Betrachtungshorizont auf die Ebene der Unternehmenskultur erweitert, als Befragungsinstrument diente der „Organizational Description Questionnaire" (ODQ) von Bass und Avolio (1992). Zur weiteren Unterscheidung wurden die zehn Kulturfaktoren nach Heidbrink und Jenewein (2011) herangezogen.

Für die empirische Erhebung erfolgte zunächst eine Abgrenzung des Teilnehmerfelds anhand des immobilienwirtschaftlichen Aktivitätsmodells nach Diaz (1993), die abgeleiteten 5 Akteure (Projektentwickler, Finanzierer, Investoren, Berater, Bauwirtschaft) wurden weiter nach festen Kriterien in jeweils zugehörige Unternehmen unterteilt, aus denen die Gruppe zu befragender Teilnehmer resultierte. Insgesamt 495 Teilnehmern wurde eine personalisierte E-Mail zugestellt, die den Link zum Fragebogen (ODQ) enthielt. Der so generierte Rücklauf lag bei 48,1 % und umfasste 238 Teilnehmer aus 27 Unternehmen.

Die resultierende Stichprobe wurde anhand des ODQ-Scorings und einer Häufigkeitsverteilung nach Kultur-Prototyp untersucht. Der Gesamt-Score über alle Teilnehmer lag im Mittel bei 0,44 auf der transaktionalen sowie bei 7,29 auf der transformationalen Antwortskala (jeweils -14 bis $+14$) und nach der Klassifizierung von Bass und Avolio (1992) damit im moderat transformationalen Bereich. Eine Häufigkeitsverteilung zeigt, dass 10,1 % ($n=24$) die Führungskultur überwiegend bzw. 55,9 % ($n=133$) moderat transformational empfinden. Die Einzel-Scores der 5 Akteure liegen auf der transformationalen Dimension in einer Bandbreite von $M=5,70$ (Finanzierer) bis $M=9,73$ (Berater), die Scores der 5 Akteure unterscheiden sich dabei signifikant voneinander ($p<.01$).

Die Untersuchung zeigte, dass die an der Befragung teilnehmenden und antwortenden Akteure bzw. die zugehörigen Teilnehmer mehrheitlich diejenigen Fragen mit „Ja" bestätigten, die Bass und Avolio (1992) einer transformationalen Führungskultur zuordnen. Daraus kann in Bezug auf die vorliegende Stichprobe festgehalten werden, dass, entgegen der ursprünglichen Hypothese, die Fragen auf der transaktionalen Dimension mehrheitlich verneint und im Mittel kein entsprechender Score bzw. eine Häufigkeitsverteilung in den prototypischen transaktionalen Kultursegmenten festgestellt werden konnte.

Weitere Rückschlüsse im Hinblick auf transaktionale Charakteristika ergaben sich auf Basis der zehn Diskriminierungsfaktoren, anhand derer eine Einschätzung auf einem Kontinuum transaktionaler und transformationaler Ausprägung erfolgte. Hiernach zeigen sich transaktionale Kulturelemente für die Teilnehmer insbesondere in Form fester Organisationsstrukturen, definierter Kommunikations- und Entscheidungswege sowie geringer Autonomie und Organisationsdynamik. Vor diesem Hintergrund wurden Herausforderungen an transformationale Führung vor dem jeweiligen immobilienwirtschaftlichen Hintergrund der Akteure diskutiert, die den Ausbau transformationaler Führung (bspw. durch Steigerung von organisationaler Flexibilität und individueller Autonomie, Entscheidungen nach dem Subsidiaritätsprinzip) zum Ziel haben.

Folgt man in diesem Kontext der Argumentation von Bass und Riggio (2006), besteht eine effektive Unternehmenskultur allerdings nicht allein aus transformationalen Elementen, sondern umfasst auch moderat transaktionale Qualitäten (bspw. Hierarchie, Regeln, Zweck) die eine strukturgebende Funktion innerhalb des Unternehmens ausüben. Wichtig in diesem Zusammenhang ist jedoch, dass die transaktionalen Elemente nicht zu Lasten der Entfaltung des einzelnen Mitarbeiters bzw. der Organisation gehen.

Insgesamt überraschen die Ergebnisse, da in der grundlegenden Hypothese zu Beginn der Arbeit davon ausgegangen wurde, dass in der Immobilienwirtschaft eine transaktionale Führungskultur vorliegt. Mögliche Artefakte könnten durch verschiedene Fehler und Verzerrungen im Antwortverhalten produziert werden:

1. Zentrale Annahmen der Befragungsmethodik und Abgrenzung weisen Mängel auf. Hierzu lassen sich zum einen methodische Schwächen des Befragungsinstruments ODQ im Hinblick auf die konzeptionelle Überschneidung zwischen den Skalen transaktionaler und transformationaler Führung anführen, zum anderen ist die Stichprobe durch die unterschiedlichen Akteuren, Unternehmen und Teilnehmer bzw. Hierarchie- und Funktionsebenen sehr heterogen und weist eine starke Streuung auf. Insbesondere die Zusammensetzung der Teilnehmer, beginnend bei der Abgrenzung der Akteure, sollte in einer aufbauenden Untersuchung validiert werden.

2. Die Sozialperspektivität der Befragungsteilnehmer führt zur Tendenz in Richtung transformationaler Führung. Die Analyse ergab, dass auf der transformationalen Dimension hohe Zustimmungsquote vorliegen ($> 70\,\%$). Es könnte davon ausgegangen werden, dass transformationale Führung ein Ergebnis sozial erwünschter Zustimmung, eigenem Selbstwerterhalt und der Reduzierung von kognitiver Dissonanz zwischen dem eigenen Werteanspruch und den gelieferten Werten aus der eigenen Unternehmenskultur ist.

Im Ergebnis zeigt die Untersuchung, dass die Führungskultur der befragten Akteure moderat transformational ausgeprägt ist, wobei sich die getroffenen Aussagen auf die vorliegende Stichprobe beschränken. Um eine Verallgemeinerung der Aussagen auf die Immobilienwirtschaft bzw. einzelne Teilbereiche treffen zu können, müssten weitere Überprüfungen auf statistische Signifikanz erfolgen.

5.2 Ausblick

Das Konzept transformationaler Führung nimmt in der aktuellen Führungsforschung eine bedeutende Rolle ein und wird voraussichtlich auch die zukünftige Forschung dauerhaft prägen. Die Schwerpunkte liegen dabei auf der Weiterentwicklung von Messinstrumenten und der Validierung transformationalen Führungsverhaltens auf Erfolgskriterien anhand von Längsschnittstudien und Mehrebenenanalysen (Felfe, 2006, S. 171–172).

Die anhaltende Popularität des Konzepts in den letzten Jahren resultiert dabei einerseits aus einem immer stärker werdenden Wettbewerb und dem daraus resultierenden organisatorischen Anpassungsdruck auf Führungskräfte bzw. Unternehmen sowie andererseits aus gesellschaftlichen Öffnungsprozessen, die mit dem Verlust von Werten, Orientierung und Sinn einhergehen. Transformationale Führung scheint in diesem Kontext als eine Art „Heilsbringer" guter Führung zu gelten (Gebert, 2002, S. 203–204; Felfe, 2005, S. 14).

Der gesicherte Beitrag zum Führungserfolg durch transformationale Führung legt nahe, dass das Modell transformationaler Führung auch für die multidisziplinäre Immobilienwirtschaft ein geeignetes und zukunftsfähiges Führungskonzept sein könnte. Die vorliegenden Befunde in Teilbereichen der Immobilienwirtschaft lassen diesen Schluss zu, wobei grundsätzlich weiterer Forschungsbedarf zu transformationaler Führung in immobilienwirtschaftlichen Organisationen besteht.

Neben der Führungskräfteentwicklung wäre eine Nutzung des Konzepts transformationaler Führung auch in der Eignungsdiagnostik (bspw. Assessment-Center) denkbar, was letztendlich auch dem Gedanken einer nachhaltigen Personalauswahl und -entwicklung in der Immobilienwirtschaft (ZIA, 2012, S. 16) entsprechen würde.

Fraglich bleibt allerdings, inwiefern Mitglieder einer Organisation überhaupt ihre eigene Führungskultur messen können: Wer noch nie eine andere Kultur erlebt hat, kann diese anhand einer Befragung selbst nur schwer objektiv beurteilen bzw. vergleichen (Heidbrink & Brenner 2013, S. 13; Neuberger, 2002, S. 425). Aus dem Blickwinkel der Perspektivenregulation wäre es naheliegender, Führungskultur durch externe Beobachter feststellen zu lassen, was allerdings weitere methodische Probleme mit sich bringen würde. Hier ist im Hinblick auf alternative Messmethoden noch Forschungsarbeit zu leisten.

Letztlich weist transformationale Unternehmens- und Führungskultur zwar eine stärkere wertverändernde Wirkung gegenüber klassischen Führungsformen auf (Wunderer, 2011, S. 244), im Ergebnis besteht jedoch auch bei transformationaler Führung eine Gradwanderung zwischen mitarbeiter- und aufgabenorientiertem Führungsverhalten, welches neben der Führungssituation sehr stark von der Persönlichkeit des Führenden abhängt. Hierbei bleibt abzuwarten, inwiefern es den Akteuren in der Immobilienwirtschaft gelingt, visionär-transformationale Führungskräfte zu entwickeln die es schaffen, die etablierten Führungs- und Organisationsstrukturen der Branche nachhaltig zu verändern.

Literatur

Bankhaus Ellwanger & Geiger KG. (2013). *E&G DIMAX*. Abgerufen am 5. Oktober 2013 von http://www.privatbank.de/de/eundg_dimax.html

Bass, B. M. (1985). *Leadership and performance beyond expectation.* New York: Free Press.

Bass, B. M., & Avolio, B. J. (1992). *Organizational description questionnaire. Sampler set, manual, instrument, scoring guide.* Menlo Park: Mind Garden.

Bass, B. M., & Riggio, R. E. (2006). *Transformational leadership* (2. Auflage). Mahwah: Lawrence Erlbaum.

Diaz, J. III. (1993). Science, engineering, and the discipline of real estate. *Journal of Real Estate Literature, 1(2)*, 183–195.

Felfe, J. (2005). *Charisma, transformationale Führung und Commitment*. Köln: Kölner Studien.

Felfe, J. (2006). Transformationale und charismatische Führung – Stand der Forschung und aktuelle Entwicklungen. *Zeitschrift für Personalpsychologie, 5(4)*, 163–176.

Gebert, D. (2002). *Führung und Innovation*. Stuttgart: Kohlhammer.

Heidbrink, M., & Brenner, S. (2013). Messung von Hochleistungskultur – Konstruktion, Optimierung und Erprobung des HPO-Analyzers. *Journal of Business and Media Psychology, 4(1)*, 35–45.

Wunderer, R. (2011). *Führung und Zusammenarbeit. Eine unternehmerische Führungslehre* (9., neu bearbeitete Auflage). Köln: Luchterhand.

ZIA Zentraler Immobilien Ausschuss e. V. (2012). *Nachhaltigkeit in der Immobilienwirtschaft. Kodex, Berichte und Compliance*. Berlin.

Anhang und Datengrundlage

Tab. A1 Charakteristika transaktionaler und transformationaler Führung. (Eigene Darstellung in Anlehnung an Rathgeber (2005, S. 66) und Felfe (2005, S. 104))

	Transaktional	Transformational
Zeitbezug	Kurzfristig	Langfristig, zukunftsbezogen
Koordinierung	Regeln	Ziele, Wertorientierung
Kommunikation	Vertikal	Multidirektional, lateral
Fokus	Individuell	Kollektiv
Incentivierung	Extrinsisch	Intrinsisch
Macht	Position, Belohnung	Anerkennung, Identifikation
Entscheidungsfindung	Zentral	Dezentral
Organisation	Mechanisch, reaktiv	Organisch, proaktiv
Umfeld	Stabil	Variabel, dynamisch
Mitarbeiter	Substituierbar	Wertvoll, geschätzt
Aufgaben	Individuell, Routinen	Kollektiv, komplex

© Springer Fachmedien Wiesbaden 2015
M. Zingel, *Transformationale Führung in der multidisziplinären Immobilienwirtschaft,*
Impulse für die Immobilienwirtschaft, DOI 10.1007/978-3-658-07733-4_6

For use by Michael Zingel only. Received from Mind Garden, Inc. on October 15, 2013

www.mindgarden.com

To whom it may concern,

This letter is to grant permission for the above named person to use the following copyright material;

Instrument: *Organizational Description Questionnaire*

Authors: *Bruce J. Avolio & Bernard M. Bass*

Copyright: *1992 by Bernard Bass and Bruce Avolio*

for his/her thesis research.

Five sample items from this instrument may be reproduced for inclusion in a proposal, thesis, or dissertation.

The entire instrument may not be included or reproduced at any time in any other published material.

Sincerely,

Robert Most
Mind Garden, Inc.
www.mindgarden.com

© 1992 Bernard Bass and Bruce Avolio. All Rights Reserved.
Published by Mind Garden, Inc., www.mindgarden.com

Abb. A1 Bestätigung Mind Garden Inc.

For use by Michael Zingel only. Received from Mind Garden, Inc. on October 15, 2013

**Permission for Michael Zingel to reproduce 150 copies
within one year of October 15, 2013**

Organizational Description Questionnaire

Instrument and Scoring Guide

English and German versions

by Bernard M. Bass and Bruce J. Avolio

Published by Mind Garden, Inc.

info@mindgarden.com
www.mindgarden.com

IMPORTANT NOTE TO LICENSEE

If you have purchased a license to reproduce or administer a fixed number of copies of an existing Mind Garden instrument, manual, or workbook, you agree that it is your legal responsibility to compensate the copyright holder of this work -- via payment to Mind Garden – for reproduction or administration in any medium. **Reproduction includes all forms of physical or electronic administration including online survey, handheld survey devices, etc.**

The copyright holder has agreed to grant a license to reproduce the specified number of copies of this document or instrument **within one year from the date of purchase. You agree that you or a person in your organization will be assigned to track the number of reproductions or administrations and will be responsible for compensating Mind Garden for any reproductions or administrations in excess of the number purchased.**

Copyright © 1992 Bernard Bass and Bruce Avolio. All Rights Reserved.

© 1992 Bernard Bass and Bruce Avolio. All Rights Reserved.
Published by Mind Garden, Inc., www.mindgarden.com

Abb. A2 ODQ-Lizenz Mind Garden Inc. (1)

For use by Michael Zingel only. Received from Mind Garden, Inc. on January 2, 2014

**Permission for Michael Zingel to reproduce 100 copies
within one year of January 2, 2014**

Organizational Description Questionnaire

Instrument and Scoring Guide

English and German versions

by Bernard M. Bass and Bruce J. Avolio

Published by Mind Garden, Inc.

info@mindgarden.com
www.mindgarden.com

IMPORTANT NOTE TO LICENSEE

If you have purchased a license to reproduce or administer a fixed number of copies of
an existing Mind Garden instrument, manual, or workbook, you agree that it is your legal
responsibility to compensate the copyright holder of this work -- via payment to Mind
Garden – for reproduction or administration in any medium. **Reproduction includes
all forms of physical or electronic administration including online survey,
handheld survey devices, etc.**

The copyright holder has agreed to grant a license to reproduce the specified number of
copies of this document or instrument **within one year from the date of purchase.
You agree that you or a person in your organization will be assigned to track the
number of reproductions or administrations and will be responsible for
compensating Mind Garden for any reproductions or administrations in excess of
the number purchased.**

Copyright © 1992 Bernard Bass and Bruce Avolio. All Rights Reserved.

© 1992 Bernard Bass and Bruce Avolio. All Rights Reserved.
Published by Mind Garden, Inc., www.mindgarden.com

Abb. A3 ODQ-Lizenz Mind Garden Inc. (2)

Tab. A2 Exemplarische Fragen des ODQ (englisch/deutsch). (Eigene Darstellung)

Frage	Dimension	Original	Deutsche Übersetzung
TA_1	Interne Kooperationsformen	We negotiate with each other for resources	… werden Ressourcen untereinander verhandelt
TF_2	Individual- versus Kollektivinteressen	People go out of their way for the good of the team, department and/ or organization	… geben sich die Leute besondere Mühe zum Wohle des Teams, der Abteilung und/ oder der Organisation
TA_5	Arbeitsautonomie	Rules and procedures limit discretionary behavior	… schränken Regeln und Abläufe freies Handeln ein
TA_7	Führungsstil	You get what you earn – no more, no less	… bekommt man das, was man verdient – nicht mehr, nicht weniger
TF_26	Zweck der Organisation	We share the common goal of working toward the team, department and/ or organization's success	… teilen wir das gemeinsame Ziel, für den Erfolg des Teams, der Abteilung und/oder der Organisation zu arbeiten

Legende: Transformational (TF), Transaktional (TA)

Tab. A3 Kultur-Prototypen und Score-Klassen nach Bass und Avolio (1993). (Eigene Darstellung)

Kultur-Prototypen	Transaktional[a]	Transformational[b]
Predominately 4 I's	− 14 bis − 6	+ 6 bis + 14
Moderated 4 I's	− 5 bis − 5	+ 6 bis + 14
High-Contrast	+ 6 bis + 14	+ 6 bis + 14
Loosely guided	− 14 bis − 6	− 5 bis + 5
Coasting	− 5 bis + 5	− 5 bis + 5
Moderately Bureaucratic/Contractual	+ 6 bis + 14	− 5 bis + 5
Garbage Can	− 14 bis − 6	− 14 bis − 6
Pedestrian	− 5 bis + 5	− 14 bis − 6
Predominately Bureaucratic/Contractual	+ 6 bis + 14	− 14 bis − 6

[a] Für die Berechnung des Scores auf der transaktionalen Dimension werden die Fragen mit einer ungeraden Nummerierung, die mit „Ja" beantwortet wurden, addiert. Hiervon werden die Fragen mit einer ungeraden Nummerierung, die mit „Nein" beantwortet wurden, subtrahiert.

[b] Für die Berechnung des Scores auf der transformationalen Dimension werden die Fragen mit einer geraden Nummerierung, die mit „Ja" beantwortet wurden, addiert. Hiervon werden die Fragen einer geraden Nummerierung, die mit „Nein" beantwortet wurden, subtrahiert.

Tab. A4 Zuordnung der ODQ-Fragen zu den Diskriminierungsfaktoren. (Eigene Darstellung)

Diskriminierungsfaktoren nach Heidbrink und Jenewein (2011)	Zugeordnete Fragen des ODQ
Zweck der Organisation	12, 18, 26
Organisationsstruktur	13
Entscheidungswege	11, 17, 27
Organisationsdynamik	3, 4, 9, 14
Riten & Legenden	20
Arbeitsautonomie	5, 19, 25
Kontrolle versus Vertrauen	6, 10, 15, 16, 22
Kooperationsformen	1, 8, 23
Individual- versus Kollektivinteresse	2, 28
Führungsstil	7, 21, 24

Tab. A5 Unterschiede charismatischer und transformationaler Führung. (Tabelle übernommen aus Dörr (2008, S. 14) in Anlehnung an (Neuberger, 2002))

Charismatische Führung (persönliche Identifikation)	Transformationale Führung (Internalisierung von Werten und Zielen)
▪ Auf die Person des „Führenden" konzentriert	▪ Auf die Förderung/Ermächtigung der „Geführten" konzentriert
▪ „Bewunderung" durch die Geführten	▪ soll Ziele und Anliegen der Gemeinschaft realisieren
▪ die Geführten bleiben „abhängig"	
▪ persönliche Identifikation mit Führungskraft	▪ die Geführten entwickeln sich weiter
▪ (kritikloses) Nachfolgen von Vorgaben	▪ soziale Identifikation mit Werten und Zielen der organisatorischen Einheit
	▪ Lernen und Veränderung sind selbstverständlich

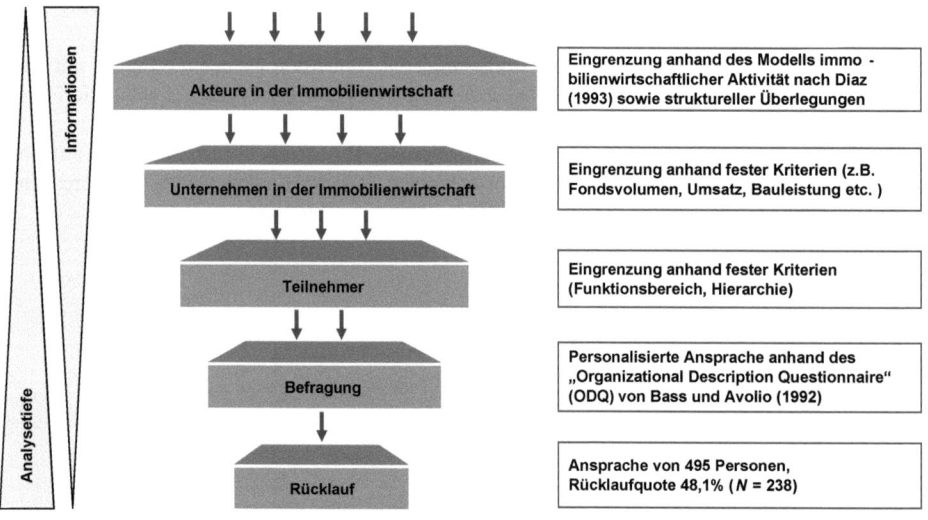

Abb. A4 Abgrenzung des Untersuchungsgegenstands. (Eigene Darstellung)

Anrede,

ich bin Student im berufsbegleitenden Executive Master Programm an der EBS Universität für Wirtschaft und Recht, EBS Business School und schreibe derzeit meine Master Thesis zum Thema: „Transformationale Unternehmensführung in der multi-disziplinären Immobilienwirtschaft: Konsequenzen und Herausforderungen immo-bilienwirtschaftlicher Organisationsformen".

Die Arbeit wird von Herrn Prof. Dr. Nico B. Rottke FRICS CRE, Aareal Endowed Chair of Real Estate Investment & Finance, EBS Business School, betreut.

Im Rahmen der Arbeit möchte ich die organisationale Führungskultur in der Immobilienwirtschaft untersuchen und mich dabei an der Unterscheidung in transaktionale und transformationale Führung orientieren. Während eine transaktionale Führungskultur im Allgemeinen von einem Austausch wechselseitiger Leistungen ge-kennzeichnet ist, stehen bei einer transformationalen Führungskultur gemeinsame und übergeordnete Ziele im Vordergrund.

Vor diesem Hintergrund möchte ich verschiedene Akteure in der Immobilienwirtschaft befragen. Meine Befragung richtet sich dabei an Mitarbeiter/innen verschiedener Hierarchiestufen innerhalb der Unternehmen.

Hierzu greife ich auf ein bestehendes Fragebogeninstrument zurück, den von Bass & Avolio (1992) entwickelten „Organizational Description Questionnaire" (ODQ). Der ODQ besteht aus insgesamt 28 Fragen, die Beantwortung dauert etwa 10 Minuten.

Über Ihre Teilnahme an der Befragung würde ich mich sehr freuen. Zum Fragebogen geht es hier:

LINK

Selbstverständlich werden die Informationen streng vertraulich behandelt, die Aus-wertung der Angaben innerhalb der Arbeit erfolgt anonym. Nach Abschluss der Unter-suchung kann ich Ihnen die Ergebnisse gerne zukommen lassen.

Für weitere Fragen stehe ich Ihnen sehr gerne zur Verfügung.

Herzliche Grüße

Michael Zingel

Abb. A5 Ansprache Teilnehmer

Anrede,

ich hatte Ihnen vor einiger Zeit eine Einladung zu einer Befragung zur Unternehmens-
und Führungskultur in der Immobilienwirtschaft zukommen lassen.

Die Befragung erfolgt im Rahmen meiner Master Thesis an der EBS Universität für
Wirtschaft und Recht, EBS Business School zum Thema: „Transformationale Unter-
nehmensführung in der multidisziplinären Immobilienwirtschaft: Konsequenzen und
Herausforderungen immobilienwirtschaftlicher Organisationsformen".

Im Rahmen der Arbeit möchte ich die organisationale Führungskultur in der Immobilienwirtschaft untersuchen und hierfür verschiedene Akteure in der Immobilienwirtschaft befragen.

Mit Ihrer Teilnahme würden Sie mir helfen mein Projekt realisieren zu können. Die
Beantwortung dauert nur 5 Minuten, zum Fragebogen geht es hier:

LINK

Die Informationen werden dabei streng vertraulich behandelt, die Auswertung der
Angaben innerhalb der Arbeit erfolgt anonym. Sofern Sie Interesse haben, kann ich Ihnen
die Ergebnisse nach Abschluss gerne zukommen zu lassen.

Für weitere Fragen stehe ich Ihnen sehr gerne zur Verfügung.

Haben Sie vielen Dank und

herzliche Grüße

Michael Zingel

Abb. A6 Erinnerungsschreiben Teilnehmer

Anrede,

ich bin Student im berufsbegleitenden Executive Master Programm an der EBS Universität für Wirtschaft und Recht, EBS Business School, und schreibe derzeit meine Master Thesis zum Thema: „Transformationale Unternehmensführung in der multi-disziplinären Immobilienwirtschaft: Konsequenzen und Herausforderungen immo-bilienwirtschaftlicher Organisationsformen". Die Arbeit wird von Herrn Prof. Dr. Nico B. Rottke FRICS CRE, Aareal Endowed Chair of Real Estate Investment & Finance, EBS Business School, betreut.

Im Rahmen der Arbeit möchte ich die Führungskultur in der Immobilienwirtschaft untersuchen und mich dabei an der Unterscheidung in transaktionale und transfor-mationale Führung orientieren. Während eine transaktionale Führungskultur im Allge-meinen von einem Austausch wechselseitiger Leistungen gekennzeichnet ist, stehen bei einer transformationalen Führungskultur gemeinsame und übergeordnete Ziele im Vordergrund. Vor diesem Hintergrund will ich verschiedene Akteure in der Immo-bilienwirtschaft befragen.

Zur Messung der Führungskultur möchte ich auf ein bestehendes Fragebogeninstrument zurückgreifen, den von Bass & Avolio (1992) entwickelten „Organizational Description Questionnaire" (ODQ). Der ODQ besteht aus insgesamt 28 Fragen, die Beantwortung dauert etwa 10 Minuten. Um einen grundlegenden Eindruck über das Instrument zu bekommen, habe ich Ihnen im Anhang zu dieser Mail ein Muster aus dem Internet beigefügt. Im Rahmen der eigentlichen Befragung würde ich dann den Teilnehmern/innen einen individuelles Exemplar (ggf. onlinebasiert/per Mail) zukommen lassen.

Ich würde mich sehr freuen, wenn ich einige Mitarbeiter von Unternehmen gewinnen könnte, an der Befragung teilzunehmen. Selbstverständlich werden die Informationen streng vertraulich behandelt, die Auswertung der Angaben innerhalb der Arbeit erfolgt anonym. Nach Abschluss der Untersuchung würde ich Ihnen natürlich sehr gerne die Ergebnisse der Arbeit zukommen zu lassen.

Über Ihr grundsätzliches Interesse möchte ich mich nochmals bedanken. Vielleicht könnten wir weitere Fragen telefonisch klären?

Herzliche Grüße

Michael Zingel

Abb. A7 Anschreiben Erstansprache Unternehmensvertreter

Tab. A6 Übersicht Projektentwickler. (Eigene Darstellung auf Basis von Schulten, 2011)

Rang	Gruppe bzw. Gesellschaft	Gesamtvolumen in m² (2008-2015)	Anteil (%)
1	CA Immo Deutschland	734.000	19,9
2	HOCHTIEF	654.000	17,7
3	Frankonia Eurobau	346.000	9,4
4	Bouwfonds MAB	338.000	9,2
5	IVG Immobilien	322.000	8,7
6	STRABAG	282.000	7,6
7	Bayerische Hausbau	267.000	7,2
8	NCC Deutschland	254.000	6,9
9	OFB Projektentwicklung	247.000	6,7
10	Zech	245.000	6,6
	Gesamt	*3.689.000*	*100*

Tab. A7 Übersicht Pfandbriefbanken. (Eigene Darstellung auf Basis von VDP, 2012)

Rang	Gruppe bzw. Gesellschaft	Hypothekenbestand (Mrd. EUR)	davon gewerblich (%)
1	ING-DiBa	59.938	0,0
2	Postbank	51.102	28,2
3	UniCredit Bank	40.990	33,1
4	Deutsche Kreditbank	33.719	15,3
5	pbb Deutsche Pfandbriefbank	29.504	79,4
6	Landesbank Hessen-Thüringen	29.293	80,5
7	Landesbank Baden-Württemberg	28.147	53,4
8	Aareal Bank	23.304	100,0
9	HSH Nordbank	22.330	74,2
10	Münchener Hypothekenbank	20.986	23,4
	Gesamt	*339.313*	*41,3*

Tab. A8 Übersicht offene Immobilienfonds. (Eigene Darstellung auf Basis von BVI-Investment-statistik zum 31.08.2013)

Rang	Gruppe bzw. Gesellschaft	Fondsvolumen (Bestand) (Mrd. EUR)	Anteil (%)
1	Deka	23,9	19,8
2	Union-Investment	23,5	19,5
3	Commerz Real	10,5	8,7
4	Deutsche Bank	9,1	7,5
5	SEB	7,5	6,2
	Ansprache	***74,5***	***61,8***
	Gesamt	**120,6**	**100**

Tab. A9 Übersicht geschlossene Immobilienfonds. (Eigene Darstellung auf Basis von VGF, Branchenkennzahlen 2012)

Rang	Gruppe bzw. Gesellschaft	Eigenkapital (Mio. EUR)	Anteil (%)
1	IVG	430,1	22,5
2	SIGNA	421,2	22,0
3	Real I.S.	228,1	11,9
4	fairvesta	176,3	9,2
5	JAMESTOWN	166,9	8,7
6	KGAL	133,2	7,0
7	ZBI	102,6	5,4
8	Hannover Leasing	96,0	5,0
9	Hamburg Trust	82,1	4,3
10	Wealth Cap	78,8	4,1
	Gesamt	*1.915,3*	*100*

Tab. A10 Übersicht Immobilien-AGs und REITs. (Eigene Darstellung auf Basis von E&G DIMAX zum 30.09.2013)

Rang	Gruppe bzw. Gesellschaft	Marktkapitalisierung (Mio. EUR)	Anteil (%)
1	Deutsche Annington	4.228,09	18,5
2	LEG Immobilien	2.230,29	9,7
3	Deutsche Wohnen	2.224,81	9,7
4	Gagfah	2.083,51	9,1
5	Deutsche Euroshop	1.728,68	7,6
6	GSW Immobilien	1.624,17	7,1
7	GBW	1.190,83	5,2
8	TAG Immobilien	1.186,69	5,2
9	Alstria Office REIT	722,32	3,2
10	Patrizia Immobilien	465,83	2,0
11	DIC Asset	370,96	1,6
12	Hamborner REIT	326,05	1,4
13	Colonia Real Estate	223,22	1,0
14	Prime Office	171,41	0,7
15	IVG Immobilien	12,47	0,1
	Ansprache[a]	*18.789,34*	*82,1*
	Gesamt	**22.894,40**	**100,0**

[a] Es wurden strukturelle Bereinigungen vorgenommen. So befindet sich die IVG AG aufgrund ihrer Marktbedeutung bzw. -präsenz ebenfalls unter den angesprochenen Unternehmen des Top-Segments.

Tab. A11 Übersicht Berater. (Eigene Darstellung auf Basis von Hoppenstedt Firmendatenbank, 2013)

Rang	Gruppe bzw. Gesellschaft	Umsatz 2012 (Mio. EUR)
1	Jones Lang LaSalle	83,0
2	BNP Paribas Real Estate	67,5
3	DTZ Deutschland	59,7
4	CBRE	50,0
5	Cushman & Wakefield LLP[a]	ca. 30–60

[a] Eigene Recherche bzw. Annahme.

Tab. A12 Übersicht Bauwirtschaft. (Eigene Darstellung auf Basis von Linden, 2012)

Rang	Gruppe bzw. Gesellschaft	Bauleistung 2012 (Mio. EUR)
1	Hochtief	25.790
2	Bilfinger	8.480
3	Strabag	4.504
4	Züblin	2.714
5	Max Bögel	1.600
Top 5		*43.088*
Gesamt		**>65**

Tab. A13 Gesamt-Scores nach Alter und Hierarchie. (Eigene Darstellung)

Alter	n	TA*	TF*	Hierarchie	n	TA*	TF**
unter 25	2	−4,00	11,00	Admin staff	6	−2,00	9,17
25–34	69	0,55	7,22	Junior employee/Analyst	18	−0,50	7,61
35–44	101	0,52	6,91	Professional/Senior	84	1,45	5,19
45–55	59	0,15	7,54	Manager/Senior Manager	114	0,09	8,31
über 55	7	1,86	10,43	Member of the Board	16	−0,38	10,06
Gesamt	*238*	*0,44*	*7,29*	*Gesamt*	*238*	*0,44*	*7,29*

n.s. ($p > .05$)*; sig. ($p = .001$)**; Kruskal-Wallis-Test

Tab. A14 Kultur-Grid aller Teilnehmer. (Eigene Darstellung)

$N=238$	Transaktional		
Transformational	-14 bis -6	-5 bis $+5$	$+6$ bis $+14$
$+6$ bis $+14$	Predominately transformational 24 (10,1%)	Moderately transformational 133 (55,9%)	High-contrast 13 (5,5%)
-5 bis $+5$	Loosely guided 2 (0,8%)	Coasting 31 (13,0%)	Moderately bureaucratic 24 (10,1%)
-14 bis -6	Garbage can 0 (0%)	Pedestrian 6 (2,5%)	Predominately bureaucratic 5 (2,1%)

(sig.); X^2 (4, $N=238$)=43,29, $p<.001$ (2-seitig)

Tab. A15 Kultur-Grid Finanzierer. (Eigene Darstellung)

$n=27$	Transaktional		
Transformational	-14 bis -6	-5 bis $+5$	$+6$ bis $+14$
$+6$ bis $+14$	Predominately transformational 0 (0%)	Moderately transformational 16 (59,3%)	High-contrast 0 (0%)
-5 bis $+5$	Loosely guided 0 (0%)	Coasting 2 (7,4%)	Moderately bureaucratic 6 (22,2%)
-4 bis -6	Garbage can 0 (0%)	Pedestrian 2 (7,4%)	Predominately bureaucratic 1 (3,7%)

(sig.); X^2 (2, $N=27$)=15,72, $p<.001$ (2-seitig)

Tab. A16 Ergebnis Investoren (Einzeldarstellung). (Eigene Darstellung)

Akteur 3	n	Transaktional		Transformational	
		M	SD	M	SD
a) Offene Immobilienfonds	**32**	**2,84***	**4,01**	**6,13***	**6,03**
Off. Immobilienfonds A	12	1,83	4,32	7,50	4,36
Off. Immobilienfonds B	12	2,83	3,74	4,00	8,25
Off. Immobilienfonds C	8	4,38	3,93	7,25	3,41
b) Geschl. Immobilienfonds	**25**	**−0,08***	**4,30**	**7,12***	**6,09**
Geschl. Immobilienfonds A	9	2,11	2,52	3,67	7,30
Geschl. Immobilienfonds B	7	−2,29	4,64	8,57	5,29
Geschl. Immobilienfonds C	9	−0,56	4,80	9,44	3,97
c) Immobilien-AGs	**36**	**−1,25***	**5,48**	**6,31***	**6,03**
Immobilien-AG A	2	−7,50	0,71	6,00	11,31
Immobilien-AG B	10	−1,20	6,36	6,50	6,64
Immobilien-AG C	8	1,00	3,38	6,75	5,44
Immobilien-AG D	11	−2,27	5,73	5,82	6,66
Immobilien-AG E	5	−0,20	6,02	6,40	4,77
d) REITs	**14**	**−0,43****	**6,09**	**3,00****	**8,69**
REIT A	8	−4,88	3,40	9,50	2,00
REIT B	6	5,50	2,51	−5,67	5,75
Gesamt	*107*	*0,36*	*5,12*	*6,01*	*6,47*

n.s. $(p>.05)$*; sig. $(p = .001)$**; Kruskal-Wallis-Test

Tab. A17 Kultur-Grid Investoren (Gesamt). (Eigene Darstellung)

$n=107$	Transaktional		
Transformational	−14 bis −6	−5 bis +5	+6 bis +14
+6 bis +14	Predominately transformational 13 (12,1%)	Moderately transformational 51 (47,7%)	High-contrast 3 (2,8%)
−5 bis +5	Loosely guided 1 (0,9%)	Coasting 21 (19,6%)	Moderately bureaucratic 11 (10,3%)
−14 bis −6	Garbage can 0 (0%)	Pedestrian 4 (3,7%)	Predominately bureaucratic 3 (2,8%)

(sig.); X^2 $(4, N=107)=21,22$, $p<.001$ (2-seitig)

Tab. A18 Kultur-Grid Berater. (Eigene Darstellung)

$n=44$	Transaktional		
Transformational	-14 bis -6	-5 bis $+5$	$+6$ bis $+14$
$+6$ bis $+14$	Predominately transformational 5 (11,4%)	Moderately transformational 30 (68,2%)	High-contrast 3 (6,8%)
-5 bis $+5$	Loosely guided 0 (0%)	Coasting 5 (11,4%)	Moderately bureaucratic 1 (2,3%)
-14 bis -6	Garbage can 0 (0%)	Pedestrian 0 (0%)	Predominately bureaucratic 0 (0%)

(n.s.); X^2 (2, $N=44$)=1,24, $p>.05$ (2-seitig)

Tab. A19 Kultur-Grid Bauwirtschaft. (Eigene Darstellung)

$n=32$	Transaktional		
Transformational	-14 bis -6	-5 bis $+5$	$+6$ bis $+14$
$+6$ bis $+14$	Predominately transformational 3 (9,4%)	Moderately transformational 19 (59,4%)	High-contrast 5 (15,6%)
-5 bis $+5$	Loosely guided 0 (0%)	Coasting 2 (6,3%)	Moderately bureaucratic 3 (9,4%)
-14 bis -6	Garbage can 0 (0%)	Pedestrian 0 (0%)	Predominately bureaucratic 0 (0%)

(n.s.); X^2 (2, $N=32$)=4,05, $p>.05$ (2-seitig)

Tab. A20 Zustimmungsquoten aller Akteure (transformational). (Eigene Darstellung)

Frage	Projekt- entwickler (%)	Finanzierer (%)	Investoren (%)	Berater (%)	Bauwirtschaft (%)	M (%)
2	82,1	77,8	85,0	88,6	84,4	83,6
4	67,9	74,1	73,8	86,4	84,4	77,3
6	82,1	77,8	71,0	79,5	78,1	77,7
8	89,3	92,6	78,5	90,9	90,6	88,4
10	67,9	66,7	59,8	79,5	62,5	67,3
12	82,1	48,1	70,1	86,4	71,9	71,7
14	32,1	25,9	31,8	54,5	37,5	36,4
16	75,0	55,6	78,5	93,2	84,4	77,3
18	75,0	85,2	75,7	95,5	90,6	84,4
20	50,0	63,0	49,5	63,6	68,8	59,0
22	42,9	51,9	43,0	50,0	53,1	48,2
24	71,4	63,0	61,7	84,1	81,3	72,3
26	78,6	81,5	72,0	90,9	96,9	84,0
28	60,7	51,9	58,9	81,8	78,1	66,3
Gesamt	68,4	65,3	65,0	80,4	75,9	71,0

Tab. A21 Ablehnungsquoten aller Akteure (transformational). (Eigene Darstellung)

Frage	Projekt-entwickler (%)	Finanzierer (%)	Investoren (%)	Berater (%)	Bauwirtschaft (%)	M (%)
2	7,1	22,2	14,0	9,1	9,4	12,4
4	17,9	25,9	21,5	4,5	12,5	16,5
6	3,6	18,5	18,7	9,1	12,5	12,5
8	7,1	7,4	10,3	6,8	6,3	7,6
10	14,3	25,9	24,3	6,8	9,4	16,1
12	7,1	37,0	25,2	11,4	9,4	18,0
14	25,0	37,0	34,6	15,9	21,9	26,9
16	10,7	33,3	16,8	0,0	3,1	12,8
18	3,6	3,7	14,0	2,3	3,1	5,3
20	25,0	29,6	34,6	27,3	12,5	25,8
22	17,9	29,6	35,5	34,1	31,3	29,7
24	7,1	22,2	20,6	9,1	12,5	14,3
26	10,7	14,8	15,0	4,5	0,0	9,0
28	10,7	37,0	23,4	11,4	12,5	19,0
Gesamt	12,0	24,6	22,0	10,9	11,2	16,1

Tab. A22 Quote „Unentschlossen" aller Akteure (transformational). (Eigene Darstellung)

Frage	Projekt-entwickler (%)	Finanzierer (%)	Investoren (%)	Berater (%)	Bauwirtschaft (%)	M (%)
2	10,7	0,0	0,9	2,3	6,3	4,0
4	14,3	0,0	4,7	9,1	3,1	6,2
6	14,3	3,7	10,3	11,4	9,4	9,8
8	3,6	0,0	11,2	2,3	3,1	4,0
10	17,9	7,4	15,9	13,6	28,1	16,6
12	10,7	14,8	4,7	2,3	18,8	10,2
14	42,9	37,0	33,6	29,5	40,6	36,7
16	14,3	11,1	4,7	6,8	12,5	9,9
18	21,4	11,1	10,3	2,3	6,3	10,3
20	25,0	7,4	15,9	9,1	18,8	15,2
22	39,3	18,5	21,5	15,9	15,6	22,2
24	21,4	14,8	17,8	6,8	6,3	13,4
26	10,7	3,7	13,1	4,5	3,1	7,0
28	28,6	11,1	17,8	6,8	9,4	14,7
Gesamt	19,6	10,1	13,0	8,8	12,9	12,9

Tab. A23 Zustimmungsquoten aller Akteure (transaktional). (Eigene Darstellung)

Frage	Projekt-entwickler (%)	Finanzierer (%)	Investoren (%)	Berater (%)	Bauwirtschaft (%)	M (%)
1	67,9	77,8	58,9	77,3	75,0	71,4
3	78,6	85,2	74,8	70,5	78,1	77,4
5	57,1	70,4	53,3	31,8	50,0	52,5
7	14,3	40,7	23,4	29,5	18,8	25,3
9	32,1	44,4	33,6	15,9	34,4	32,1
11	10,7	11,1	25,2	18,2	25,0	18,0
13	60,7	48,1	39,3	47,7	62,5	51,7
15	10,7	37,0	24,3	22,7	40,6	27,1
17	78,6	77,8	70,1	38,6	62,5	65,5
19	28,6	48,1	45,8	54,5	56,3	46,7
21	21,4	51,9	39,3	29,5	40,6	36,5
23	21,4	55,6	32,7	25,0	28,1	32,6
25	67,9	70,4	53,3	36,4	68,8	59,3
27	14,3	37,0	39,3	27,3	28,1	29,2
Gesamt	40,3	54,0	43,8	37,5	47,8	44,7

Tab. A24 Ablehnungsquoten aller Akteure (transaktional). (Eigene Darstellung)

Frage	Projekt-entwickler (%)	Finanzierer (%)	Investoren (%)	Berater (%)	Bauwirtschaft (%)	M (%)
1	25,0	18,5	29,0	18,2	15,6	21,3
3	14,3	11,1	17,8	15,9	21,9	16,2
5	28,6	18,5	37,4	63,6	37,5	37,1
7	35,7	33,3	45,8	47,7	50,0	42,5
9	46,4	40,7	49,5	70,5	53,1	52,1
11	75,0	81,5	66,4	72,7	56,3	70,4
13	17,9	37,0	35,5	40,9	21,9	30,6
15	46,4	48,1	57,9	45,5	43,8	48,3
17	14,3	18,5	24,3	52,3	28,1	27,5
19	39,3	40,7	43,9	38,6	18,8	36,3
21	35,7	29,6	44,9	54,5	46,9	42,3
23	53,6	37,0	53,3	56,8	65,6	53,3
25	17,9	7,4	26,2	31,8	21,9	21,0
27	60,7	51,9	45,8	59,1	65,6	56,6
Gesamt	36,5	33,9	41,3	47,7	39,1	39,7

Tab. A25 Quote „Unentschlossen" aller Akteure (transaktional). (Eigene Darstellung)

Frage	Projekt-entwickler (%)	Finanzierer (%)	Investoren (%)	Berater (%)	Bau-wirtschaft (%)	M (%)
1	7,1	3,7	12,1	4,5	9,4	7,4
3	7,1	3,7	7,5	13,6	0,0	6,4
5	14,3	11,1	9,3	4,5	12,5	10,4
7	50,0	25,9	30,8	22,7	31,3	32,1
9	21,4	14,8	16,8	13,6	12,5	15,8
11	14,3	7,4	8,4	9,1	18,8	11,6
13	21,4	14,8	25,2	11,4	15,6	17,7
15	42,9	14,8	17,8	31,8	15,6	24,6
17	7,1	3,7	5,6	9,1	9,4	7,0
19	32,1	11,1	10,3	6,8	25,0	17,1
21	42,9	18,5	15,9	15,9	12,5	21,1
23	25,0	7,4	14,0	18,2	6,3	14,2
25	14,3	22,2	20,6	31,8	9,4	19,7
27	25,0	11,1	15,0	13,6	6,3	14,2
Gesamt	23,2	12,2	15,0	14,8	13,2	15,7

Tab. A26 Zustimmungsquoten Investoren (transformational). (Eigene Darstellung)

Frage	Offene Immobilien-fonds (%)	Geschlossene Immobilienfonds (%)	Immobilien-AGs (%)	REIT A (%)	REIT B (%)	M (%)
2	87,5	92,0	80,6	100,0	50,0	82,0
4	75,0	76,0	75,0	100,0	16,7	68,5
6	75,0	72,0	69,4	100,0	16,7	66,6
8	68,8	80,0	80,6	100,0	83,3	82,5
10	56,3	60,0	66,7	62,5	33,3	55,8
12	68,8	76,0	72,2	87,5	16,7	64,2
14	34,4	28,0	36,1	37,5	0,0	27,2
16	84,4	72,0	80,6	100,0	33,3	74,1
18	78,1	76,0	77,8	87,5	33,3	70,5
20	56,3	40,0	58,3	25,0	33,3	42,6
22	40,6	60,0	33,3	75,0	0,0	41,8
24	53,1	76,0	69,4	50,0	16,7	53,0
26	68,8	72,0	80,6	75,0	33,3	65,9
28	56,3	76,0	47,2	100,0	16,7	59,2
Gesamt	64,5	68,3	66,3	78,6	27,4	61,0

Tab. A27 Ablehnungsquoten Investoren (transformational). (Eigene Darstellung)

Frage	Offene Immo-bilienfonds (%)	Geschlossene Immobilienfonds (%)	Immobilien-AGs (%)	REIT A (%)	REIT B (%)	M (%)
2	12,5	8,0	16,7	0,0	50,0	17,4
4	25,0	16,0	16,7	0,0	83,3	28,2
6	9,4	12,0	25,0	0,0	83,3	25,9
8	12,5	12,0	8,3	0,0	16,7	9,9
10	25,0	24,0	16,7	25,0	66,7	31,5
12	18,8	24,0	27,8	0,0	83,3	30,8
14	37,5	32,0	25,0	25,0	100,0	43,9
16	12,5	16,0	16,7	0,0	66,7	22,4
18	12,5	12,0	11,1	0,0	66,7	20,5
20	25,0	36,0	33,3	50,0	66,7	42,2
22	37,5	20,0	38,9	12,5	100,0	41,8
24	25,0	12,0	19,4	12,5	50,0	23,8
26	15,6	8,0	11,1	25,0	50,0	21,9
28	21,9	12,0	30,6	0,0	66,7	26,2
Gesamt	*20,8*	*17,4*	*21,2*	*10,7*	*67,9*	*27,6*

Tab. A28 Quote „Unentschlossen" Investoren (transformational). (Eigene Darstellung)

Frage	Offene Immobilien-fonds (%)	Geschlossene Immobilienfonds (%)	Immobilien-AGs (%)	REIT A (%)	REIT B (%)	M (%)
2	0,0	0,0	2,8	0,0	0,0	0,6
4	0,0	8,0	8,3	0,0	0,0	3,3
6	15,6	16,0	5,6	0,0	0,0	7,4
8	18,8	8,0	11,1	0,0	0,0	7,6
10	18,8	16,0	16,7	12,5	0,0	12,8
12	12,5	0,0	0,0	12,5	0,0	5,0
14	28,1	40,0	38,9	37,5	0,0	28,9
16	3,1	12,0	2,8	0,0	0,0	3,6
18	9,4	12,0	11,1	12,5	0,0	9,0
20	18,8	24,0	8,3	25,0	0,0	15,2
22	21,9	20,0	27,8	12,5	0,0	16,4
24	21,9	12,0	11,1	37,5	33,3	23,2
26	15,6	20,0	8,3	0,0	16,7	12,1
28	21,9	12,0	22,2	0,0	16,7	14,6
Gesamt	*14,7*	*14,3*	*12,5*	*10,7*	*4,8*	*11,4*

Tab. A29 Zustimmungsquoten Investoren (transaktional). (Eigene Darstellung)

Frage	Offene Immo-bilienfonds (%)	Geschlossene Immobil-ienfonds (%)	Immobilien-AGs (%)	REIT A (%)	REIT B (%)	M (%)
1	71,9	56,0	58,3	62,5	0,0	49,7
3	65,6	88,0	80,6	50,0	66,7	70,2
5	71,9	44,0	47,2	12,5	83,3	51,8
7	15,6	24,0	22,2	50,0	33,3	29,0
9	50,0	20,0	25,0	0,0	100,0	39,0
11	28,1	28,0	16,7	12,5	66,7	30,4
13	43,8	40,0	33,3	12,5	83,3	42,6
15	25,0	36,0	19,4	0,0	33,3	22,8
17	90,6	76,0	58,3	0,0	100,0	65,0
19	59,4	52,0	33,3	37,5	33,3	43,1
21	43,8	24,0	41,7	12,5	100,0	44,4
23	37,5	32,0	27,8	12,5	66,7	35,3
25	59,4	52,0	50,0	37,5	66,7	53,1
27	56,3	32,0	27,8	12,5	83,3	42,4
Gesamt	51,3	43,1	38,7	22,3	65,5	44,2

Tab. A30 Ablehnungsquoten Investoren (transaktional). (Eigene Darstellung)

Frage	Offene Immo-bilienfonds (%)	Geschlossene Immobilienfonds (%)	Immobilien-AGs (%)	REIT A (%)	REIT B (%)	M (%)
1	18,8	32,0	33,3	12,5	66,7	32,7
3	25,0	8,0	13,9	25,0	33,3	21,0
5	18,8	48,0	41,7	75,0	16,7	40,0
7	56,3	36,0	50,0	12,5	50,0	41,0
9	34,4	52,0	63,9	75,0	0,0	45,1
11	56,3	68,0	77,8	75,0	33,3	62,1
13	28,1	40,0	44,4	37,5	0,0	30,0
15	53,1	52,0	58,3	100,0	50,0	62,7
17	0,0	24,0	33,3	100,0	0,0	31,5
19	31,3	48,0	50,0	37,5	66,7	46,7
21	37,5	60,0	50,0	37,5	0,0	37,0
23	37,5	60,0	58,3	87,5	33,3	55,3
25	18,8	24,0	33,3	50,0	0,0	25,2
27	18,8	60,0	58,3	75,0	16,7	45,8
Gesamt	31,0	43,7	47,6	57,1	26,2	41,1

Tab. A31 Quote „Unentschlossen" Investoren (transaktional). (Eigene Darstellung)

Frage	Offene Immo-bilienfonds (%)	Geschlossene Immobilienfonds (%)	Immobilien-AGs (%)	REIT A (%)	REIT B (%)	M (%)
1	9,4	12,0	8,3	25,0	33,3	17,6
3	9,4	4,0	5,6	25,0	0,0	8,8
5	9,4	8,0	11,1	12,5	0,0	8,2
7	28,1	40,0	27,8	37,5	16,7	30,0
9	15,6	28,0	11,1	25,0	0,0	15,9
11	15,6	4,0	5,6	12,5	0,0	7,5
13	28,1	20,0	22,2	50,0	16,7	27,4
15	21,9	12,0	22,2	0,0	16,7	14,6
17	9,4	0,0	8,3	0,0	0,0	3,5
19	9,4	0,0	16,7	25,0	0,0	10,2
21	18,8	16,0	8,3	50,0	0,0	18,6
23	25,0	8,0	13,9	0,0	0,0	9,4
25	21,9	24,0	16,7	12,5	33,3	21,7
27	25,0	8,0	13,9	12,5	0,0	11,9
Gesamt	17,6	13,1	13,7	20,5	8,3	14,7

Tab. A32 Dauer der Beantwortung ODQ nach Akteuren. (Eigene Darstellung)

Akteure	M*	SD	MIN	MAX
Projektentwickler	5,34	1,28	3,38	7,90
Finanzierer	4,92	0,97	3,38	7,33
Investoren	4,93	1,42	2,50	8,97
Berater	4,96	1,06	2,90	8,62
Bauwirtschaft	5,38	1,25	2,83	8,10
Gesamt	5,04	1,29	2,50	8,97

in Minuten; n.s. ($p > .05$)*; Kruskal-Wallis-Test

Tab. A33 Item-to-total-Korrelation (transaktional). (Eigene Darstellung)

Fragen	Skalenmittelwert, wenn Item weggelassen	Skalenvarianz, wenn Item weggelassen	Korrigierte Item-Skala-Korrelation	Cronbachs Alpha, wenn Item weggelassen
1	22,588	17,180	−0,094	0,697
3	22,689	15,937	0,168	0,663
5	22,416	15,02	0,319	0,643
7	21,937	15,688	0,144	0,670
9	22,155	14,208	0,480	0,619
11	22,101	15,416	0,320	0,645
13	22,277	14,910	0,266	0,651
15	22,034	14,606	0,375	0,634
17	22,584	15,223	0,311	0,645
19	22,328	16,061	0,092	0,676
21	22,181	13,853	0,502	0,613
23	22,176	15,235	0,278	0,649
25	22,181	14,402	0,451	0,624
27	22,353	13,968	0,415	0,626

(sig.); $F\,(13,\,152)=28{,}49$, $p<.001$

Tab. A34 Item-to-total-Korrelation (transformational). (Eigene Darstellung)

Fragen	Skalenmittelwert, wenn Item weggelassen	Skalenvarianz, wenn Item weggelassen	Korrigierte Item-Skala-Korrelation	Cronbachs Alpha, wenn Item weggelassen
2	18,828	15,755	0,298	0,662
4	18,723	15,391	0,298	0,660
6	18,668	14,974	0,325	0,655
8	18,803	15,779	0,227	0,668
10	18,504	14,715	0,300	0,659
12	18,655	15,518	0,232	0,668
14	18,021	14,713	0,249	0,669
16	18,723	14,935	0,373	0,650
18	18,739	15,274	0,282	0,661
20	18,424	15,157	0,234	0,669
22	18,567	15,209	0,229	0,670
24	18,265	14,356	0,348	0,651
26	18,731	15,151	0,316	0,657
28	18,513	14,023	0,443	0,636

(sig.); $F\,(13,\,157)=30{,}63$, $p<.001$

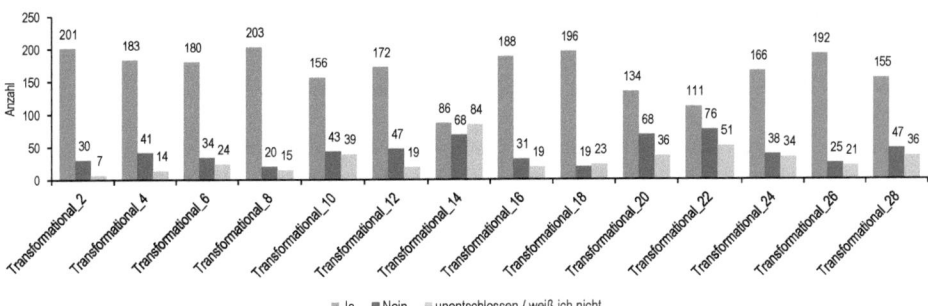

Abb. A8 Absolute Häufigkeiten aller Teilnehmer pro Frage (transformational). (Eigene Darstellung)

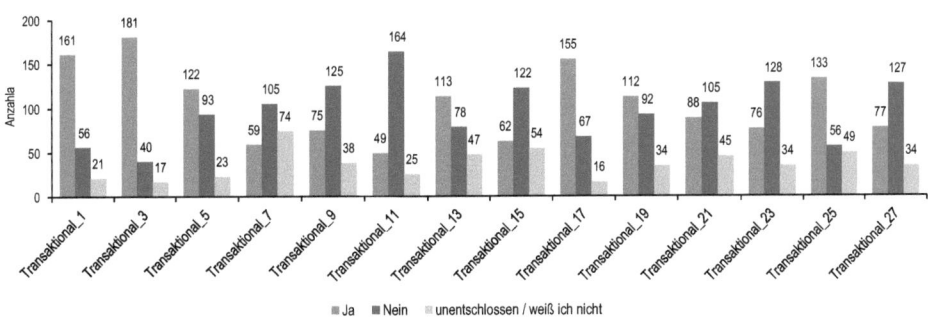

Abb. A9 Absolute Häufigkeiten aller Teilnehme pro Frage. (transaktional). (Eigene Darstellung)

Literatur

Bass, B. M. & Avolio, B. J. (1993). Transformational leadership and organizational culture. *Public Administration Quarterly*, 17(1), 112–121.

BVI Bundesverband Investment und Asset Management e. V. (2013). *BVI-Investmentstatistik zum 31.08.2013.* Abgerufen am 11. Oktober 2013 von http://www.bvi.de/fileadmin/user_upload/Statistik/Pressefassung1308.pdf

Dörr, S. L. (2008). *Motive, Einflussstrategien und transformationale Führung als Faktoren effektiver Führung.* München: Hampp.

Felfe, J. (2005). *Charisma, transformationale Führung und Commitment.* Köln: Kölner Studien.

Heidbrink, M. & Jenewein, W. (2011). *High-Performance-Organisationen: Wie Unternehmen eine Hochleistungskultur aufbauen.* Stuttgart: Schäffer-Poeschel.

Hoppenstedt Firmendatenbank (2013). Abfrage: Internationale Immobilienberatung/International Real Estate Consultants. Abgerufen am 11. Oktober 2013 unter http://www.firmendatenbank.de

Linden, M. (2012). Bauunternehmen mit guten Ergebnissen. Nur wenige Firmen zeigten Verluste. *this*, 09, 84–86

Neuberger, O. (2002). *Führen und führen lassen. Ansätze, Ergebnisse und Kritik der Führungsforschung* (6., völlig neu bearbeitete und erweiterte Auflage). Stuttgart: Lucius und Lucius.

Rathgeber, K. (2005). *270°-Beurteilung von Führungsverhalten: Interperspektivische Übereinstimmung und ihr Zusammenhang mit Erfolg – eine Befragung in der Automobilindustrie.* Chemnitz: Diss., TU Chemnitz.

Rigotti, F. (1994). Die Macht und ihre Metaphern. Über die sprachlichen Bilder der Politik. Frankfurt am Main: Campus

Schulten, A. (2011). Frischer Wind durch Wohnungs-Neubau. *Wirtschaftsblatt* 4, 75–78

VDP Verband deutscher Pfandbriefbanken e. V. (2012). *Jahresbericht 2012.* Berlin.

VGF Verband Geschlossene Fonds e. V. (2013). *VGF Branchenzahlen 2012.* Berlin.

MIX
Papier aus verantwortungsvollen Quellen
Paper from responsible sources
FSC® C105338

If you have any concerns about our products,
you can contact us on
ProductSafety@springernature.com

In case Publisher is established outside the EU,
the EU authorized representative is:
Springer Nature Customer Service Center GmbH
Europaplatz 3, 69115 Heidelberg, Germany

Printed by Libri Plureos GmbH
in Hamburg, Germany